# Akane

Los Tankas de Mitsuko Kasuga,
Migrante Japonesa en México

あかね

在メキシコ日系移民・春日光子とその短歌 ［スペイン語訳付き］

# ÍNDICE
## 目次

PRÓLOGO ............................................................................ 6
はじめに

MENSAJE SOBRE LA PUBLICACIÓN ...................................... 9
刊行によせて

**Primera Parte**
**SELECCIÓN DE CIEN TANKAS DE AKANE**
## 第一部　短歌百選

LEYENDA ........................................................................ 16
凡例

I. CRUZANDO EL MAR ............................................... 17
I. 海をわたる

II. MIS HIJOS ............................................................ 20
II. 子への思い

III. MI ESPOSO ......................................................... 47
III. 夫への思い

IV. ESPÍRITU QUE SE ADAPTA, VALORES QUE NO CAMBIAN ...... 51
**IV. 揺れる心、変わらぬ信念**

V. VIDA COTIDIANA ...... 65
**V. 暮らしの中で**

VI. MI TIERRA ...... 75
**VI. ふるさと**

VII. MIS NIETOS ...... 88
**VII. 孫への思い**

VIII. SIN TÍ ...... 101
**VIII. 夫 逝く**

BIOGRAFÍA I ...... 126
**略歴 I**

AKANE あかね

Segunda Parte
LA VIDA DE MITSUKO KASUGA

# 第二部　春日光子の生涯

MAPA ......................................................................... 130
　　地図

1. LA NIÑA DE NAGANO ............................................. 132
　　1. 信州育ちの勝ち気な娘

2. "NOVIA POR FOTOGRAFÍA" ..................................... 138
　　2. 「写真花嫁」

3. RUMBO A MÉXICO .................................................. 147
　　3. 新天地メキシコ

4. UNA VIDA DIFÍCIL .................................................. 152
　　4. セリートスでの慣れない暮らし

5. LA NUEVA TIENDA .................................................. 157
　　5. 戦争前夜の店開き

6. DURANTE LA GUERRA ............................................ 163
　　6. 強制移住

7. EL REINICIO .......................................................... 169
　　7. 戦後の新規まき直し

8. LA CRIANZA DE SEIS HIJOS ................................... 176
　　8. 六人の子育て

9. EL FERVOR POR LA EDUCACIÓN ............................. 180
　　9. 暮らしの安定と教育への熱意

10. REUNIONES DE POETAS ....................................... 189
　　10. 短歌とサボテン

11. REENCUENTRO CON SU PADRE ............................. 194
　　11. 父との再会

12. EL CRECIMIENTO DEL NEGOCIO ................................ 198
　12. 事業の拡大

13. FORJANDO UNA FAMILIA ........................................ 202
　13. 大所帯

14. REGRESO A JAPÓN .................................................. 206
　14. 日本とのつながり

15. EL NACIMIENTO DE LOS NIETOS ............................ 211
　15. 孫の誕生

16. ORGULLO DE MÉXICO ............................................ 218
　16. メキシコの誇り

17. LA MUERTE DEL MARIDO ...................................... 223
　17. 夫の急逝

18. POETA MADURA ...................................................... 230
　18. 歌人としての成熟

19. UNA VEJEZ TRANQUILA ........................................ 238
　19. 穏やかな晩年

BIOGRAFÍA II ................................................................ 246
　略歴 II

# PRÓLOGO
## はじめに

Aiko Chikaba
近葉 愛子

Entre los poemas más representativos de la cultura japonesa están el tanka y el haiku. Ambos transmiten sentimientos afectivos, con frecuencia usando a la naturaleza como metáfora. El mas corto de los dos, el haiku, es una expresión poética de 17 sílabas con una métrica de 5-7-5 sílabas. El haiku tiene como característica el incluir una palabra clave que hace alusión a la estación del año. En cambio, el tanka no sigue dicha regla y es más largo — 31 sílabas con una métrica de 5-7-5-7-7. En ese sentido, se podría afirmar que el tanka es más flexible para expresar libremente el amor a la familia, el enamoramiento y los sentimientos de la vida. El tanka es una forma poética antigua, con una historia de más de 1300 años.

Mitsuko Kasuga (1914-2002), cuyo seudónimo es Akane, nació y creció en Nagano, Japón. Tenía 22 años cuando cruzó el océano Pacífico para llegar a México y casarse con un inmigrante japonés desconocido. En medio de las dificultades que afrentaba al emigrar a un nuevo país, el tanka fue su refugio espiritual. En los momentos de alegría, cuando la ira la

短歌は日本文化を代表する三十一文字の定型詩で、実に1300年もの歴史があります。自然や生活の中で心動かされたことを「五-七-五-七-七」のリズムにのせて表現するのが特徴です。「世界一短い定型詩」として知られる俳句と比べ、短歌は文字数が多く、季語を入れるという決まりもありません。そのため家族への愛情や恋、日常生活の中で感じたことなど、さまざまな題材について自由に歌うことができる形式だと言えます。

私が歌集『短歌 あかね』に出会ったのは数年前のこと。日系三世である夫・カルロスが、僕のおばあちゃんが遺した本だといって何気なく手渡してくれたのが始まりでした。ページをめくるとすぐ、素直で力強い短歌のリズムを通して伝わってくる光子おばあちゃんの生き様に、私はぐいぐい引き込まれ

# はじめに　PRÓLOGO

queria hacer explotar, ó cuando su corazón se rompía de tristeza, sus tankas le daban la fuerza para salir adelante.Cuando cumplió 70 años, Mitsuko Kasuga recopiló todos sus tankas en un libro llamado *Tankas de Akane*.

La primera parte de este libro es una seleccion de 100 tankas de ese libro, traducidos y versificados al español. La segunda parte detalla la vida de Mitsuko para dar mayor contexto a los poemas.

La traducción de tankas fue hecha por el nieto de Mitsuko, Carlos Ernesto Pierre-Audain Kasuga, y la versificación fue gracias a nuestras amigas Cynthia Viveros y Mara Pastor. Yo me encargué de la selección de los poemas y la edición del libro. Este labor fue muy gratificante y a su vez, aprendimos mucho de la vida de Mitsuko reflejada a través de sus poemas.

El tiempo y el entorno en que vivimos hoy en día son totalmente distintos a los que ella vivió. Sin embargo, para el migrate y para todo aquel que ha dejado atrás lo conocido para

ていきました。

信州に生まれ育った春日光子（雅号・あかね/1914〜2002年）がまだ見ぬ日本人移民のもとに嫁ぐため、海を越えてメキシコに渡ったのは22歳のとき。新天地メキシコでの厳しい暮らしの中で、光子の心を支えたものが短歌でした。楽しいときも、怒りがこみあげてくるときも、悲しみで胸が張り裂けそうなときも、歌を詠むことが生きる力となっていたのです。70歳を迎えた年に、光子は歌集『短歌　あかね』を出版しました。本書の「第一部　短歌百選」では、『短歌　あかね』の中から私にとって印象的だった百首を選び紹介しています。さらに、光子が詠んだ日本語の短歌を友人のシンティアがスペイン語短歌として翻訳し、新たな命が吹き込まれています。続く「第二部　春日光子の生涯」では、短歌が詠まれた背景がわかるよう、光子の人生を文章

tomar la oportunidad de lo desconocido, los poemas de Mitsuko serán conmovedores.

En las 31 sílabas que componen cada uno de los poemas presentados en este libro, se encuentra concentrada la vida de una gran mujer. Los invitamos a disfrutar el profundo mundo del tanka de una migrante japonesa que culminó su vida en México.

と写真で紹介しています。

この本に収められたそれぞれの歌には、一人の女性の人生が凝縮されています。メキシコでたくましく生き抜いた日系一世の、味わい深い短歌の世界をお楽しみください。

# MENSAJE SOBRE LA PUBLICACIÓN
刊行によせて

Carlos Tsuyoshi Kasuga Osaka
春日 カルロス剛

Soy el hijo mayor de Mitsuko Kasuga. Un *nikkei* de segunda generación de descendencia japonesa nacido en México.

Hace más o menos un siglo, para escapar de la pobreza, cientos de miles de japoneses emigraron al continente americano. Es difícil para las generaciones actuales, que viven en una época de abundancia, imaginar lo que llevó a esas personas a tomar la decisión de dejar su país y los retos que tuvieron que sobrellevar a lo largo de su vida.

La inmigración de Japón a México, comenzó en 1897. El inicio fue la inmigración de 35 japoneses al estado de Chiapas (Colonia Enomoto). Después, al inicio del siglo XX, aumentó la cantidad de japoneses inmigrantes que pisaron territorio mexicano. Japón en aquella época, afrontaba problemas de crecimiento poblacional y pobreza, por lo cual el gobierno promovió la política migratoria hacia el extranjero. Los inmigrantes imaginaban encontrar una tierra fértil con oportunidades, sin embargo, al llegar a una tierra desconocida, la mayoría encontraba una

私は春日光子の長男で、メキシコで生まれ育った日系二世です。今から一世紀ほど前のこと。貧しさから抜け出すためにアメリカ大陸へと移住した、数十万にのぼる日本人がいました。その人々が何を考えて日本を離れる決断をし、どんなことを感じながらその後の人生を生きていったのか、今の豊かな時代に生まれた人々にはなかなか想像しにくいのではないでしょうか。

日本からメキシコへの集団移民が初めて行われたのは、1897年でした。35名の日本人男性がチアパス州に移住したのが始まりです（榎本植民）。その後20世紀初頭には、さらに多くの日本人が移民としてメキシコの土を踏みました。当時の日本は人口の増加と貧困に悩んでおり、国策として日本人の海外移住がすすめられていたのです。しかし見知らぬ土地にたどりついた移民

vida más dura que la que se habían imaginado: la barrera del idioma y la brecha cultural, el clima y la alimentación completamente distinta a su pueblo natal, tierras áridas y baldías, la lucha contra nuevas enfermedades,la discriminación y los prejuicios, revoluciones y saqueos, los traslados obligatorios a causa de la Segunda Guerra mundial, el caos después de la guerra. La primera generación empezó de la nada, viviendo una época tumultuosa, sufriendo penurias que van más allá de nuestra imaginación.

Durante la Segunda Guerra Mundial, los japoneses y descendientes de japoneses que se encontraban en México, sumaban apenas unas 6,000 personas. Cantidad que ahora alcanza cerca de 20 mil japoneses y descendientes. Asimismo, comenzando desde Brasil y Estados Unidos, la suma total de los descendientes de japoneses que residen en diferentes partes del mundo,ahora es estimada a unos 2.5 millones de *nikkei*s. Sin embargo, cada vez que se pasa de una generación a otra, se van atenuando los recuerdos invaluables de los tiempos difíciles que la primera generación de inmigrantes japoneses tuvo que afrontar. No es fácil la transmisión de los valores y las lecciones que estos pioneros consideraban importantes.

Por eso la publicación de la versión en español de los tankas "Akane" de mí madre Mitsuko Kasuga me causó una gran satisfacción y felicidad. Para las terceras, cuartas y quintas generaciones, aquellas en las que ya casi nadie habla el japonés, el libro permite vislumbrar los valores de los pioneros.

のほとんどは、想像以上に苦しい生活を余儀なくされました。荒れ地の開墾、疫病との闘い。言葉の壁。文化の隔たり。ふるさととはまったく違う気候や食べ物。偏見、差別。革命、略奪、第二次世界大戦中の強制移住。そして戦後の混乱。社会の底辺からスタートし激動の時代を生きた移民一世たちの苦労は、想像するに余りあります。

第二次世界大戦中にメキシコにいた日本人・日系人の数は6000人ほどであったといわれています。その数は子孫が増えるにつれてふくらみ、今メキシコに暮らす日本人・日系人は、少なくとも２万人近くにのぼります。さらに、ブラジル、米国をはじめ、各地に点在する人の数をあわせると、いま世界には数十万人規模の日系人がいる計算になります。しかし世代を重ねるごとに、移民一世たちが経験した厳しい時代の貴重な記憶は薄れてきています。

刊行によせて　MENSAJE SOBRE LA PUBLICACIÓN　　11

Deseo que esta obra también sea leída por japoneses, quienes han tenido pocas oportunidades de conocer la historia de la inmigración de sus compatriotas. En la situación actual de Japón, que enfrenta la globalización y una población que va disminuyendo, se dice que para aumentar la competitividad internacional se necesitan aprovechar los recursos humanos del extranjero, quienes poseen diversidad de valores, experiencia y tecnología. Ahora que quizás Japón se dirige hacia una sociedad multicultural, espero que este libro pueda servir como un punto de referencia para Japón, ya que contiene el registro de la vida de los inmigrantes japoneses que se lanzaron, literalmente, a una cultura diferente.

La primera parte de ésta obra, se basa en la recopilación de los cien poemas tanka que escribió mi madre Mitsuko.

Gracias a que los poemas fueron traducidos al español, pude conocer por primera vez el significado de los tankas. En mi caso, no tengo problemas en la conversación cotidiana en japonés; sin embargo, por el uso específico de las palabras y las sílabas en los tankas, me era muy difícil su comprensión. En la versión en español, pude encontrarme dentro de los tankas con mi madre cuando era más joven que yo, viviendo con todas sus fuerzas el día a día. Los poemas de 31 sílabas, han conseguido expresar vívidamente su inocente alegría y por otro lado su llanto más desgarrador. Me ha sorprendido profundamente que mi madre haya tenido dentro de su corazón estos sentimientos, pues frente a sus hijos nunca mostró sus debilidades.

違う環境の中で育つ子どもや孫の世代に、先人たちが大切にしていた価値観や教訓を伝えてゆくことは容易ではありません。それだけに、亡き母・春日光子の短歌がスペイン語版「あかね」としてまとめられた喜びは、大きなものでした。日本語がほとんど話せない日系三世、四世、五世の人々にとって、スペイン語でまとめられた資料はたいへん貴重です。

また、本書は日系人だけでなく、移民の歴史について知る機会が少ない日本の人々にもぜひ読んでいただきたいものです。グローバル化や少子化が進む中で国際競争力を高めていくために必要だと言われるのが、多様な価値観や経験、技術をもった人材の活用です。異文化の中に飛び込んだ日本人移民の人生を記録した本書は、これから多文化共生社会に向かおうとする日本においても、大いに参考になるものです。

De igual manera, he podido sentir fuertemente que a mi madre le tocó vivir en el flujo de una época tumultuosa. "Akane" es una compilación no solo de los pasos de la vida de Mitsuko en México, sino que representa una historia común de todos los inmigrantes de cualquier lugar del mundo. La vida de una mujer inmigrante que se enfrenta inquebrantable a la adversidad. Sin duda sirve como un ejemplo de vida a las personas en la actualidad.

Para finalizar, quiero presentar mis tankas favoritas.

*Planté y creció*
*aquel sakura que*
*traje de Japón.*
*Son racimos sus flores*
*aún insisten en crecer.*

(Tanka 063)

*En aquel punto*
*donde se pone el sol,*
*está mi tierra,*

　本書の第一部は、母・光子の詠んだ100首の短歌からなっています。今回母の歌集がスペイン語に訳されたことで、私も初めてそれぞれの短歌の意味を知ることができました。私は日本語で日常会話をすることには問題がありません。しかし短歌には独特の言葉や仮名遣いがあるため、これまで理解が難しかったのです。スペイン語版として編まれたこの歌集の中で私が出会ったのは、今の私の年齢よりも若い母が必死で毎日を生きている姿でした。時に無邪気に喜び、時に嘆き悲しむようすが、三十一文字の中に生き生きと表現されていました。息子たちの前では決して弱音を吐かない母でしたので、心のうちにこんな思いを秘めていたのと驚くこともしばしばでした。

　また、それとともに、大きな時代の流れの変化も強く感じました。本書「あかね」にまとめられているのは、メキシコに生きた光子という日系一世の足

刊行によせて　MENSAJE SOBRE LA PUBLICACIÓN　　13

*allá lejos, mis padres*
*no me están esperando.*

(Tanka 059)

*Ropa y zapatos,*
*como cuando aún vivía,*
*justo en su lugar.*
*Ya pasaron tres años,*
*anhelos, vuelve mi amor.*

(Tanka 091)

跡であるとともに、世界中のあらゆる移民たちに共通する心の歴史であるともいえます。どんな厳しい環境にあっても強くたくましく生き抜いたその生き様は、いまを生きる人々にとっても、何らかのヒントになるのではないでしょうか。
　最後に、この歌集の中から私の好きな短歌をご紹介したいと思います。

　日本ゆ移植されたる八重ざくらメヒコに咲きぬ房を重ねて　（短歌063）
　海に日の沈む一点を見つめゐき父母既に亡き故郷は遠し　（短歌059）
　衣も靴も在りし日のまゝ保ちゐて亡父帰る日を三年待ちたり　（短歌091）

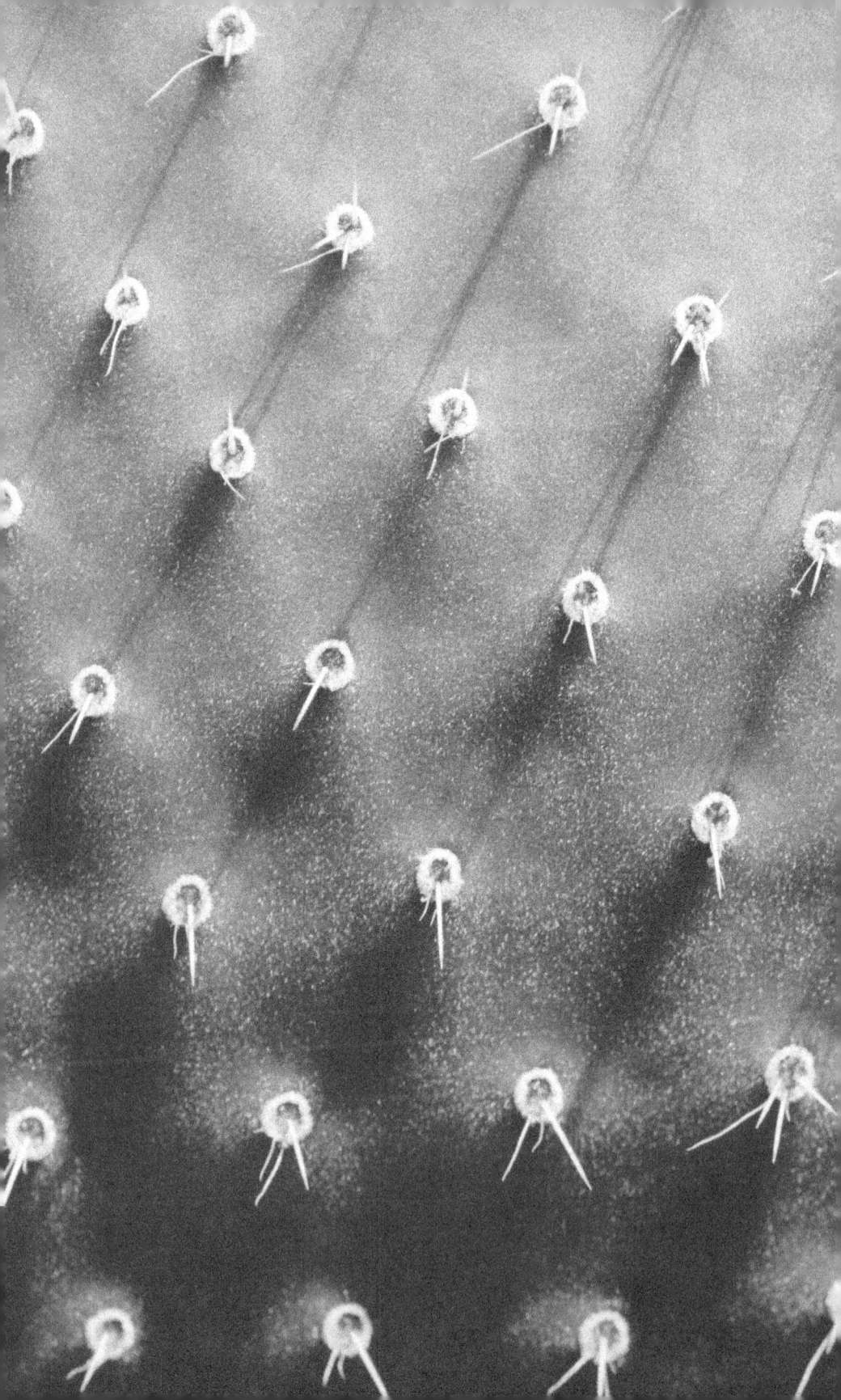

Primera Parte
SELECCIÓN DE CIEN TANKAS DE AKANE

# 第一部
# 短歌百選

Interpretación: Aiko Chikaba
口語訳：近葉 愛子

Traducción: Carlos Ernesto Pierre-Audain Kasuga
スペイン語口語訳：カルロス・ピエール

Versificación: Cynthia Viveros Cano
スペイン語短歌：シンティア・ビベロス

# LEYENDA
## 凡例

A: <ruby>詞書<rt>ことばがき</rt></ruby>　　Contexto del Tanka (*Kotobagaki*)
B: 日本語 短歌 ( 分かち書き、ふりがな付き ) と スペイン語訳 短歌 (五行詩)
　　　　　Tanka Original (derecha) y Tanka Español
C: 口語訳　　Interpretación

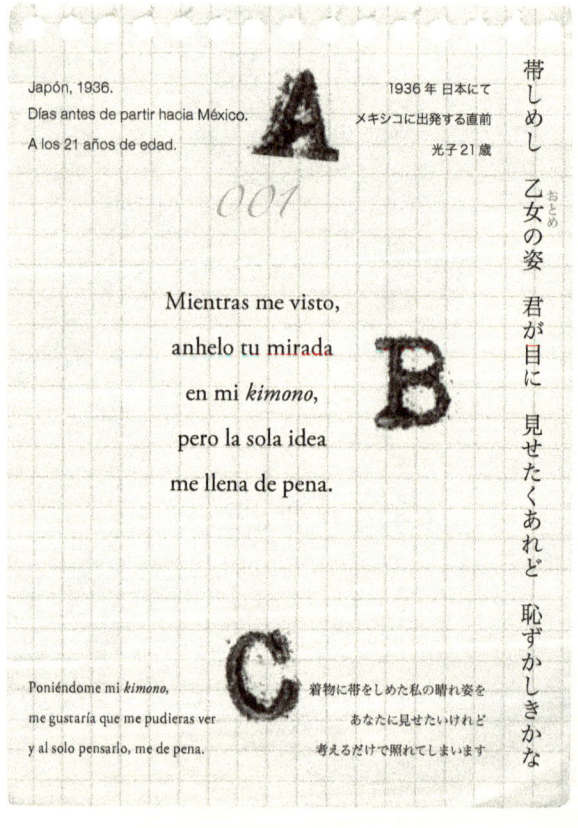

# I. CRUZANDO EL MAR
## 海をわたる

### II. MIS HIJOS
子への思い

### III. MI ESPOSO
夫への思い

### IV. ESPÍRITU QUE SE ADAPTA, VALORES QUE NO CAMBIAN
揺れる心、変わらぬ信念

### V. VIDA COTIDIANA
暮らしの中で

### VI. MI TIERRA
ふるさと

### VII. MIS NIETOS
孫への思い

### VIII. SIN TÍ
夫逝く

PRIMERA PARTE 第一部

Japón, 1936.
Días antes de partir hacia México.
A los 21-22 años de edad.

1936 年 日本にて
メキシコに出発する直前
光子 21 〜 22 歳

Mientras me visto,
anhelo tu mirada
en mi *kimono*,
pero la sola idea
me llena de pena.

Poniéndome mi *kimono*,
me gustaría que me pudieras ver
y al sólo pensarlo, me da pena.

着物に帯をしめた私の晴れ姿を
あなたに見せたいけれど
考えるだけで照れてしまいます

帯しめし 乙女の姿 君が目に 見せたくあれど 恥ずかしきかな

002

Del otro lado
de los mares lejanos,
veo los caminos
en los cuales he de andar
para alcanzar mi visión.

Más allá de los mares más lejanos,
están los caminos que yo debo cruzar
para cumplir mi visión.

八重の潮路　越えて行くべし　我が道の　大きつとめを　果さむとして

はるかな海のみちをこえて行くのだ
私の人生の道の
大きな務めをはたすために

I. CRUZANDO EL MAR
海をわたる

## II. MIS HIJOS
## 子への思い

III. MI ESPOSO
夫への思い

IV. ESPÍRITU QUE SE ADAPTA,
VALORES QUE NO CAMBIAN
揺れる心、変わらぬ信念

V. VIDA COTIDIANA
暮らしの中で

VI. MI TIERRA
ふるさと

VII. MIS NIETOS
孫への思い

VIII. SIN TÍ
夫逝く

A los 31 años de edad. 光子31歳ごろ

Hace diez años
que vine a esta tierra
para casarme.
Pobre, pero cinco hijos
llenan días de alegría.

Han pasado diez años
desde que vine a casarme a esta tierra.
Soy pobre, pero con mis cinco hijos,
mi día está lleno de felicidad.

嫁いできて10年が経った
貧しいけれども
五人の子どもたちに
満ち足りた気持ちになる今日の日

嫁ぎ来て　十年経にけり　貧しくも　五人の子らに　心満つ今日

004

Soy una mujer
Ya con más de treinta años.
Pienso en mis hijos.
Para ellos, ilusiones
Sólo siguen creciendo.

Ahora ya tengo más de 30 años,
y las esperanzas que tengo para mis hijos,
solo siguen creciendo.

女の私も30代になり
ひたすらわが子に
望むことが多くなって

我をみな　三十路を経れば　ひたすらに　吾子に望めること　多くして
(おみな　みそじをへれば　あこ)
(われ)

1948, a los 34 años de edad. 1948年 光子34歳

Del sexto niño,
ya casi seré madre.
Esta mañana,
sentir sus movimientos
logra asombrar mi alma.

A punto de convertirme en
madre de mi sexto niño,
esta mañana al sentir
sus movimientos
aun mi espíritu se asombra.

六人目の子の
母になろうとしている
今朝になって
胎動を感じ
おごそかな気持ちになる

六人目の　母ならむとす　今朝にして　胎動を感ず　心おごそか

006

Yo, con seis hijos,
veo el mundo de seis formas.
Con pros y contras,
diferentes, cada una
satisface al corazón.

Cuando uno tiene seis hijos,
hay seis formas de ver el mundo.
Cada una con sus ventajas y desventajas
en esas diferencias
se satisface mi corazón.

六人の子どもがいると
六とおりの性格があって
いいところも
悪いところもひっくるめて
心が満たされる

六人の 子があれば六いろの 性(さが)ありて その長短(ちょうたん)に 心満(み)ちゆく

007

"¡Nunca te dejes!",
parte bueno, parte no.
Mientras lo digo,
reflexiono y decido
repetirlo a mis hijos.

"No dejes que te ganen".
Al decirlo reflexiono sobre su lado bueno y
su no tan bueno...
Pero aun así, a mis hijos
se los vuelvo a repetir.

「負けるな」と子どもに
言葉をかけることの
善し悪しを
反省しつつも
ついまた同じことを言ってしまう

「負けるな」と 云う言の葉の 善し悪しを 反省しつゝ されど又云う

Miro mis manos,
parecen acabadas.
Aquellas mismas
a mis hijos cuidaron.
Puedo verlas, bellas son.

Veo mis manos acabadas por el trabajo,
son las mismas manos
con que cuidé a mis hijos,
y las puedo ver tan bellas como son.

節くれだった
私のこの手によって
六人の子どもが育っているのだと思い
自分の手をいとおしく見つめる

節高き　我のこの手に　六人の　子が育ちおり　いとしみ見るも

009

"¡Te equivocaste!"
nuevamente mis hijos,
mientras practico,
cuando escuchan mi "L".
No distingo "L" de "R".

"Otra vez te equivocaste".
me dicen mis hijos al escuchar mi "L".
Y al estar tratando de practicar
ya no puedo diferenciar
entre "L" y la "R".

「また、だめ」とわが子に言われて
「L」と発音し直すのだけれど
そうやっているうちにとうとう
「L」と「R」の違いが
わからなくなってしまう

「またĞめ」と吾子(あこ)に云(いわ)はれて「L」(ル)と云(い)へどついに「L」(ル)と「R」(る)と分らなくなる

PRIMERA PARTE　第一部

En Choapan #5 1942-1952.　チョアパン 5 にて　1942〜1952 年
A los 28-38 años de edad.　　　　　　　光子 28〜38 歳

Vuelven mis hijos,
renacuajos cautivos
que traen para criar
en la tina del baño,
pero son más de un ciento.

おたまじゃくし　子等(ら)は取り来て　浴槽(よくそう)に　飼(か)へと云(い)へども　百匹余り

Mis hijos regresan
después de atrapar renacuajos.
Dicen que los vamos a criar
en la tina del baño
pero han traído más de cien.

おたまじゃくしを
子どもたちがとってきて
浴槽で飼おうよ
と言うけれど
その数は実に１００匹以上

Esa tortuga,
viviendo años en casa.
Y mis chiquitos
la llaman por su nombre,
es Kameko Kasuga.

La tortuga lleva viviendo
varios años en la casa,
mis chiquillos le llaman
Kameko Kasuga.

うちに長く住んでいる
カメなので
春日カメ子と
幼い子は呼ぶ

我が家に　永く住みたる　カメなれば　カメコカスガと　幼子は云う

誰にはばかる　こともなければ　六人の　子の特長を　夫と語りぬ

Yo con mi esposo,
no hay preocupaciones,
nadie escucha.
Sobre cada hijo hablamos,
sobre sus maravillas.

Estoy con mi esposo sin tener que
preocuparme de quien nos oye.
Hablamos sobre lo maravilloso de cada hijo.

誰かに気がねする必要もないので
六人の子どものいいところを
思う存分夫と語り合う

013

Corazón pleno,
con sus zapatos
calzo a mi niño.
De mi esposo ha heredado
el mismo buen carácter.

我が夫(つま)の　長所を享(う)けて　育つ子に　心満ちつゝ　靴はかせやる

Mi corazón se desborda
al ponerle los zapatos a mi niño,
y ver que heredó
el buen carácter de mi esposo.

夫の良いところを受け継いで
育つ子どもに
満ち足りた気分で
靴を履かせてやる

PRIMERA PARTE　第一部

En Choapan #5.　　　　　1952 年　チョアパン 5 にて
A los 37 – 38 años de edad.　　　　　光子 37 〜 38 歳

Noche de otoño,
en medio de mis hijos
que charlan y discuten.
Tan solo privilegio
de madre, esta alegría.

En una noche de otoño,　　　　　　秋の夜
estoy sentada en medio de　　　子どもたちが議論している
una conversación entre mis hijos.　　輪の中に私はいる
Esta es una felicidad que　　　　これは親だけが知る
quizás sólo conoce una madre.　　幸せかもしれない

秋の夜を　子等の議論の　中にゐつ　親のみが知る　幸かも知れず

1954. En Martí #126.
A los 39-40 años de edad.

1954 年　マルティ 126 にて
　　　　光子 39 〜 40 歳

Mis hijos, niños
entre los alemanes,
los miro marchar.
Y yo soy quien les cuida,
sus cabecitas negras.

ドイツ人の　子等と行進　する吾子の　黒き頭を　我は見守る

Veo a mis hijos marchar
entre niños alemanes.
Yo cuido esas cabecitas negras.

ドイツ人の子どもたちに交じって
　　行進するわが子の
　　黒い頭を私は見守る

PRIMERA PARTE 第一部

1954. En Martí #126.　　　1954年　マルティ126にて
A los 39-40 años de edad.　　　光子39〜40歳

Con mis hijos, yo
en medio de un círculo
vamos abriendo
las nueces de castilla.
Manos ennegrecidas.

子
等
と
共
に
　
車
座
に
な
り
　
手
を
染
め
て
　
ま
だ
や
わ
ら
か
き
　
胡
桃
割
り
つ
ぐ

Mis manos se van volviendo negras,　　子どもたちと一緒に輪になって座り
sentada en circulo con mis hijos,　　　　　　手を黒く染めながら
al ir abriendo las nueces de castilla.　　　まだ柔らかいクルミを割り続ける

Aprendieron ya
mis hijos a ponerse
sus corbatas. ¡Ah!
La vista de sus hombros,
fuente de felicidad.

Mis hijos
ya saben ponerse corbata.
Soy feliz
con solo ver sus hombros.

ネクタイを上手にしめられるほど
子どもが成長した
そのがっしりした肩を見るのさえも
私にはうれしい

ネクタイを　上手にしめる　子となりぬ　肩幅さえも　我に嬉しく

Secando chamoy
bajo el sol, pienso: mi hijo
que lejos estás.

De pronto una voz fuerte
grita tu nombre. ¡Loro!

Secando los chamoy al sol,
estoy pensando en mi hijo
que vive en tierras lejanas.
De pronto, con una fuerte voz,
el loro grita su nombre.

遠き子を
　思ひつゝ梅を
　干す庭に
　鸚鵡は高く
　吾子の名を呼ぶ

遠く離れて暮らす
子どものことを考えながら
庭で梅を干していると
オウムが大きな声で
その子の名前を呼ぶ

1965. En Martí #126.
A los 50-51 años de edad.

1965年　マルティ 126 にて
光子 50〜51 歳

019

Planté esta mata
en el jardín, cada año
estos siete años,
espero el retorno del
hijo que estudia fuera.

草花を　庭に植えつぎ　七年の　留学卒えて　帰る子を待つ

Cada año volvía a plantar
esta mata en el jardín,
esperando durante siete años el retorno
de mi hijo que estudia en el extranjero.

毎年同じ草花を
庭に植え続けて
7年間の留学を終えて帰ってくる
子どもを待っている

Noche de lluvia,
a la olla de pozole
fuego le prendo,
para mi hija, que llega
agotada del día.

En una noche de lluvia,
le prendo fuego a la olla de pozole
para mi hija que va a llegar cansada.

雨の夜を　疲れて帰る　吾娘(あこ)の為(ため)　ポソレの鍋の　火をもやし待つ

雨の夜
疲れて帰ってくる娘のために
ポソレの入った鍋を火にかけて待つ

Mi nieto en brazos,
espero en la entrada.
Hago una pausa.

¿Llegará el día de hoy
por fin carta de mi hija?

Con mi nieto abrazado
me quedo esperando en la entrada.
¿Será hoy el día
que llega la carta de mi hija?

孫を抱きながら戸口にずっと立って
遠くに住む子どもからの手紙を
　　　　　　待っているのだ
今日はどこから届くだろう

孫(だ)抱きて　門に立ちつぎ　遠き子の　手紙待つなり　今日は何所(どこ)から

Al extranjero
mandé a mi hija a estudiar.
Hoy, soy la madre
que está contando días
hasta su vuelta a casa.

Hoy mandé a mi hija
a estudiar al extranjero.
Hoy me convertí en una madre
que cuenta los días
que faltan hasta su regreso.

留学に行く娘送りぬ　今日よりは　帰る日数う　母となる我

留学に行く娘を送り出した
今日からは
娘が帰ってくる日を
指折り数えて待つ
母となる私

1972. Junio. Culiacán. Con
Esperanza Mazako y su esposo
en su cultivo de ostras.
A los 58 años de edad.

1972年6月　クリアカンにて
エスペランサ真佐子ら夫婦が働く
カキの養殖所を見学
光子58歳

En el estero
en el lodo, a mis hijos
veo trabajar.
Y anticipo cuando
sus esfuerzos den frutos.

エステロに　泥にまみれて　働ける　子等らの仕事の　実る日を待つ

Viendo a mis hijos
trabajar enlodados en un estero,
espero el día
en que den frutos sus esfuerzos.

エステロ（淡水湖）で
泥まみれになって働く
子どもたちの仕事が
実を結ぶ日を待ち望んでいる

PRIMERA PARTE　第一部

1982. Washington D.C.,
A los 68 años de edad.

1982 年　ワシントン D.C. にて
　　　　　　　　光子 68 歳

En el Potomac
muy cerca de Washington
radica mi hija.
Cinco pesos por limón,
nostalgia de México.

Viviendo en Potomac
cerca de Washington,
donde un limón cuesta
cinco pesos mexicanos,
mi hija extraña México.

メキシコのおかねに換算して
ライム一個が五ペソもする
ワシントン近郊のポトマックに
　　　　　娘は住んでいて
メキシコを恋しく思うらしい

レモン一ケ　墨貨五ペソの　ポトマックに　娘は住みながら　メヒコ恋うらし

1984. Mazatlán.
A los 70 años de edad.

1984年　マサトランにて
　　　　　　　光子70歳

Caigo en cuenta que
yo voy si me lo piden.
Cuando a mis hijos
hago caso, se infunde
de paz mi viejo cuerpo.

頼まれゝば　とび行く我か　老いの身を　子に従へば　安けさの裡

Estoy descubriendo que
si me piden que vaya, voy.
Al hacerle caso a mis hijos,
a mi viejo cuerpo
lo abraza un espíritu de paz.

来てほしいと頼まれれば
飛んでいく私か
年老いた身を
子どもに任せてついてゆけば
安らかな気持ちに包まれる

PRIMERA PARTE 第一部

Foto, Mazatlán.
Bailo en el carnaval
entre mexicanos.
Y por nada de nada
parezco de setenta.

カーニバルに　メヒコの人等と　踊りいる　写真の我は　七〇ならず

Viendo una foto de
un carnaval en Mazatlán,
me descubro bailando con los mexicanos.
Para nada me veo de setenta.

カーニバルで
メキシコの人たちと踊っている
写真の中の私は
とても70歳とは思えない

Sentada en medio,
doñas fuertes, sus brazos
a cada lado.
Y ya empiezo a trabajar
empacando camarón.

腕太き　女衆(おんな)の中に　我もいて　エビ箱詰めの　作業始めぬ

Sentándome a la mitad
entre doñas fuertes
y de grandes brazos,
empecé a empacar camarones.

腕の太くたくましい
女たちの中に
私もいて
エビを箱に詰める作業を始めた

Todos los ojos,
todos los camarones
me están mirando,
justo al levantar uno
para decapitarlo.

エビの目が　みなわれに向く　今まさに　頭をもぐと　手をふれし時

Todos los ojos de los camarones
me están viendo.
Justo cuando levanté uno
para arrancarle la cabeza.

エビの目が
みんな私のほうを向く
今まさに頭をもぎ取ろうと
手で触ったその瞬間

I. CRUZANDO EL MAR
海をわたる

II. MIS HIJOS
子への思い

## III. MI ESPOSO
## 夫への思い

IV. ESPÍRITU QUE SE ADAPTA,
VALORES QUE NO CAMBIAN
揺れる心、変わらぬ信念

V. VIDA COTIDIANA
暮らしの中で

VI. MI TIERRA
ふるさと

VII. MIS NIETOS
孫への思い

VIII. SIN TÍ
夫 逝く

1954, a los 40 años de edad.    1954 年　光子 40 歳

Dieciocho años,
los hemos compartido.
Perdonándos,
cada uno nuestras faltas,
para llegar hasta hoy.

18 años hemos pasado,
cada uno perdonando las faltas del otro
para llegar al día de hoy.

欠点は互いに許し合いながら
ともに18年を生きてきて
今日という日があるのだ

欠点は　互に許し合ひながら　十八年を　生きて今日があり

A veces pienso
que te odio, pero siempre
he sabido que
de no haberte tenido
no sería la que soy.

或る時は　憎しと思う　こともあれど　夫なくて在る　我とは思はず

Aunque a veces
llego a pensar que te odio,
siempre pienso que sin ti no sería yo.

時には
憎らしいと思うこともあるけれど
夫なしで今の私があるとは思わない

Noche de luna,
mientras que nuestros pasos
van sobre el rocío
de la yerba del jardín,
tus manos me abrigan.

En una noche de luna,
cuando caminamos
sobre el rocío de las hierbas del jardín
tus manos estan calientitas.

夫の手は温かかった
三日月の夜
露に濡れている庭の草を
踏みながら歩くとき

夫の手は あたたかかりき 三日月の 庭の夜露の 草を踏む時

I. CRUZANDO EL MAR
海をわたる

II. MIS HIJOS
子への思い

III. MI ESPOSO
夫への思い

## IV. ESPÍRITU QUE SE ADAPTA, VALORES QUE NO CAMBIAN
揺れる心、変わらぬ信念

V. VIDA COTIDIANA
暮らしの中で

VI. MI TIERRA
ふるさと

VII. MIS NIETOS
孫への思い

VIII. SIN TI
夫逝く

Dice la gente
que soy alegre y que
tengo energía.
Pero yo sé bien, tengo
también mis lágrimas.

La gente dice
que soy alegre y que tengo energía,
pero yo sé que también tengo lágrimas.

人はみんな私のことを
朗らかな人だと言うけれど
そんな私にも涙はあるのだ

人は皆　我を評(ひょう)して　朗(ほが)らかな人と云(い)へども　我に涙あり

033

Al cruzar el mar,
contra lo que decía
mi gente allá,
ora puedo decirme:
¡Haz lo que tienes que hacer!

人に背(そむ)き　海を渡りし　そが為(ため)と　悲しき時は　自らあきらむ

Porque crucé el mar, a pesar de que mi gente
me decía que no lo hiciera,
cuando estoy triste,
me digo que tengo que hacer
lo que tengo que hacer.

人の反対を押し切って
海を渡ってきた
結果なのだから仕方ないと
悲しい時はそう自分に
言い聞かせる

## 054

Sin los adornos
que se llevan por fuera,
concentrada estoy
en vivir sin mentiras
dentro de mi corazón.

外に飾る　何物もなし　心して　内なる誠(まこと)　ためて生きなむ

Sin cosas que me adornen por fuera
me concentro en vivir
sin mentiras en el corazón.

外見を飾るものは何もない
嘘偽りのない真心を
ためて生きていこう

035

Gente que deja
profundos sentimientos
a todos saber,
les tengo un poco envidia
y otro poco tristeza.

感情を　露骨に現わしうる人を　うらやみてみつ　憐れみてみつ

La gente que deja saber a todos
como se siente,
me da un poco de envidia,
me da un poco de tristeza.

感情をあからさまに
表現できる人のことを
うらやましく思ってみたり
かわいそうだと思ってみたり

Aquellos que creen
que al tener más cosas
son exitosos,
lejos de mi corazón.
Yo prefiero tomar té.

La gente que cree que el éxito
se consigue teniendo más cosas,
es la gente que alejo de mi corazón.
Yo tomo té.

物持つを
只成功の
如く云う
人を心に
さけて茶を飲む

物を所有していることを
成功の証のように言う人を
自分の心から遠ざけて
私はお茶を飲む

1954. A los 40 años de edad,
Mitsuko abre su casa y
toma a 86 estudiantes
en Tacubaya Gakuen.

1954 年　家を開放し
86 名の生徒ともに
タクバヤ学園を始める
光子 40 歳

言挙げで　耐えて行くべし　ことさらに　我を誹謗の　記事は見つれど

Yo me contengo,
y no llego a palabras.
Esa noticia
que me llena de insultos
ha llegado a mi vista.

Sin convertirlo en palabras
voy a aguantarme.
Aunque la noticia llena de insultos
llegue a mi vista.

言葉に出して言い立てないで
耐えていこう
とりたてて私の悪口を言う
記事が目に入ってはくるけれど

Después de 1954,
en Martí #126.
A los 40 años de edad.

1954 年以後
マルティ 126 にて
光子 40 歳

Sin revelarlos,
aquellos mis poemas,
nadie conoce,
incluso a mis cuarenta.
¡Soy tan sólo una mujer!

Sin revelar mis poemas,
sin dejar que la gente los conozca,
los llevaré escondidas,
aún a mis cuarenta.
¡Ay! Soy tan sólo una mujer.

世には発表しない
短歌をいくつか
密かに持ちながら
四十代を生きよう
ああ私はひとりの女なのだ

世に出さぬ　歌の幾首を　秘め持ちて　四十路を生きむ　女我はも

Tierra mía haces
Pecado del romance
¡Es una pena!
Si todavía llevo
uno en mis entrañas.

恋愛を　罪の如云う　山国に　育ちて返らぬ　悔を持ちつぐ

Crecí en una tierra donde
los romances son pecado,
es una pena
que aún lleve uno dentro.

恋愛することは罪だ
と言うような山国に育って
今となってはどうしようもない
心残りを持ち続けている

A partir de ahora,
¿cómo debe uno vivir?
Límites propios,
claramente entendidos,
sin perderme de vista.

De ahora en adelante,
¿cómo debe uno vivir?
Entendiendo los propios limites
y sin perder de vista a uno mismo.

これよりは　如何に生くべき　自らの　限界を知れば　自己を見つむる

これからは
どのように生きるべきだろうか
自らの限界を知って
自己を見つめる

1975. A los 61 años de edad.　　　　1975年　光子61歳

Pongo a volar
banderas en el techo:
México-Japón.
La fábrica anuncia, que
"Sí, así es, ¡aquí hay *nikkei*s!"

Poniendo a volar　　　　　　メキシコと日本の旗を
las banderas de México y Japón　　　力強く立てて
en el techo de la fabrica se anuncia:　「ここに日系あり」と
"Aquí hay *nikkei*s".　　　　　　見せる工場の屋根

メキシコと　日本の旗　打ち立てて　日系在りと　工場の屋根

1976. A los 62 años de edad.　　　1976年　光子62歳

Ojos que gritan:
¡Pinches inmigrantes! No vean,
Mejor díganlo.
Al fin, nuestro espíritu
es pureza y nobleza.

No me veas con esos ojos que gritan
"¡Pinches inmigrantes!"
Mejor dilo.
Nuestro espíritu es puro y noble.

「移民ども」と見下して言うならば
勝手に言っているがよい
私たちは誇り高く清らかな
　魂を持っているのだ

移民共と　云うならば云へ　魂の　潔らけきもの　我等持つなり

Vivo en un mundo
con gente deshonesta
y otra confiada.
No ando el camino medio
sino el propio camino.

Vivo en un mundo
donde hay gente que no es honesta, donde
hay gente que tiene demasiada confianza,
pero yo no voy a tomar el camino de en medio.
Yo voy a caminar mi propio camino.

不信の人　数多き世に　生き行(ゆ)けど　中庸(ちゅうよう)の道は　我は行くまじ

誠実でない人が
数多くいる世の中に
生きているけれど
私は中庸の道は行かない
信じた道を進むのだ

PRIMERA PARTE　第一部

1980. A los 66 años de edad.　　　1980 年　光子 66 歳

Masaje a mis pies,
es gracias a ustedes que
llegué hasta aquí.
Gracias a estos pies estoy
parada hoy en México.

Masajeando
estos pies
pensé que gracias a éstos pies
estoy yo aquí en México.

自分の足の「三里のツボ」に
灸をすえながら思う
この足に支えられながらメキシコの大地に
今存在している私のことを

三里の灸　すえつゝ思う　この足によりてメヒコに　今在る我を

I. CRUZANDO EL MAR
海をわたる

II. MIS HIJOS
子への思い

III. MI ESPOSO
夫への思い

IV. ESPÍRITU QUE SE ADAPTA,
VALORES QUE NO CAMBIAN
慣れる心、変わらぬ信念

# V. VIDA COTIDIANA
暮らしの中で

VI. MI TIERRA
ふるさと

VII. MIS NIETOS
孫への思い

VIII. SIN TÍ
夫逝く

Mitsuko a los 20-30 años de edad. 光子 20 代

Entre mis manos
pone la señorita
una muestra de tela.
Veloz, ya las escondo,
mis manos tan gastadas.

Tomando en mis manos
la tela que me muestra la señorita
las escondo rápidamente
mis manos desgastadas.

店員が見せてくれている布地に
手を伸ばしたが
荒れている自分の手が恥ずかしくて
急いで隠した

店員の 示せる布地 持つ我の 荒れしその手を 急ぎかくしぬ

En Chapango #5,
a los 37-38 años de edad.

チョアパン5にて
光子37〜38歳

Para escucharlas
"¡Tenga usted marchantita!"
esas palabras.
También el día de hoy
voy a comprar nopales.

Con ganas de escuchar esas palabras
"¡Tenga usted marchantita!"
hoy también voy a comprar nopales.

「お客さん、はいどうぞ！」
と言う声を聞きたくて
今日も食用サボテンを買っている

テンガステ　マルチャンティータと　云う声を　聞きたく今日も　ノパル買いおり

En el jardín de su casa,
Mitsuko cultivaba *karashina* (mostaza china)
y otras hierbas y verduras japonesas.

光子は庭でカラシナ
などの日本の野菜を
大切に育てていた

Sin desperdiciar
*karashina* en sopa,
en *misoshiru*,
florece en el jardín
con una mariposa.

Sin querer desperdiciar
el *karashina*
en un *misoshiru* (sopa de *miso*)
se quedó en el jardín
hasta florecer con una mariposa.

味噌汁に入れるのが
もったいなくて
摘まないでおいたカラシナが
そのまま菜園で花を咲かせて
今朝はそこで蝶が舞っている

味噌汁に　入るを惜しみて　摘まざりし　辛子菜咲けば　今朝蝶が舞う

1954, en Martí #126.
a los 39-40 años de edad.

1954 年　マルティ 126 にて
　　　　　光子 39 〜 40 歳

女人さえ　宇宙をかける　時来たり　今より生まる　人の世を想う

Llegó una era
en que hasta las mujeres
van al espacio.
Mundos de aquellos por nacer,
ya imagino.

Ya llegó una era donde
hasta las mujeres
viajan al espacio.
Sólo puedo imaginarme
el mundo de aquellos que van a nacer.

女性までもが宇宙飛行をする
　　　　　　時代が来た
　　　　　これから生まれてくる
人の世界とはどんなものだろうかと
　　　　　　思いを馳せる

049

Pasan varios días
y mis canciones quedan
sin lograr forma.
Días en qué la borrasca
el sol desdibuja.

Sin poder darle forma a mis canciones
pasan varios días.
Días en que el cielo lluvioso tampoco
le da forma al sol.

まとまらぬ　歌にこだわる　幾日(いくにち)を　過ごす我なり　雨も晴れざる

うまくまとまらない短歌に
こだわりを残したまま
ここ数日を過ごしている私である
雨空もずっと晴れないままだ

Mis favoritas
son esas quesadillas
de huitlacoche y flor.
Son ellas que me hacen
más y más mexicana.

ウィツゥラコチ　かぼちゃの花の　ケサディーヤ　愛(め)でてメヒコの　人となり行(ゆ)く

Con huitlacoche
y con flor de calabaza
estas son las quesadillas
que más me gustan
yo también me vuelvo más mexicana.

ウィトゥラコチェや
カボチャの花が入った
ケサディージャが好物になり
こうして私も
メキシコの人となっていく

PRIMERA PARTE　第一部

1972. A los 58 años de edad.　　　1972 年　光子 58 歳
Cuando llegaba la primavera salen　春に土から顔を出す
los *takenoko* (brotes de bambú) con los que　タケノコは懐かしい
Mitsuko cocinaba nostálgica comida japonesa.　日本の味だった

Hoy, yo y mi nuera
*takenoko* del jardín
cosechamos.
Para cocinar hasta
los brotes delicados.

Hoy junto con mi nuera,　　　　　　　　庭に出てきた竹の子を
tomamos los *takenoko* que crecieron en el jardín　嫁と一緒に今日掘って
y los cocinamos usando hasta las partes suaves　皮の柔らかいところまで
de la piel del bambú.　　　　　　　　　余さず寿司の具にする

我が庭の　竹の子嫁と　今日掘りて　姫皮までも　すしの具となす

1983. A los 69 años de edad.   1983年　光子69歳

Platico con mi nuera,
festival de *Sanaburi*,
de Ina, somos dos.
Juntas en la cocina
mientras hacemos *miso*.

さなぶりの　話などして　同郷の　嫁と厨に　味噌仕込みする

Platicando sobre el festival de *Sanaburi*
junto con mi nuera
que tambien viene de Ina
en la cocina
preparamos *miso*.

さなぶりの話などをしながら
同じ信州出身の嫁と一緒に
台所で味噌の仕込みをする
[さなぶり：田植えのあと神に感謝し
ともに働いた人をねぎらう農村の行事]

El *misoshiru*,
sabores de jengibre.
Llena de lágrimas
ya más de 60 años
que estoy aquí en México.

メキシコに 六十余年 在る我を 泣かすみょうがの 子の味噌汁は

El sabor del *misoshiru* (sopa de *miso*)
de flor de *myoga*
trae lagrimas a mis ojos.
Llevo más de 60 años en México.

メキシコでもう60年余り
暮らしている私を泣かせるのだ
花みょうがの味噌汁の
懐かしい味は

I. CRUZANDO EL MAR
海をわたる

II. MIS HIJOS
子への思い

III. MI ESPOSO
夫への思い

IV. ESPÍRITU QUE SE ADAPTA,
VALORES QUE NO CAMBIAN
揺れる心、変わらぬ信念

V. VIDA COTIDIANA
暮らしの中で

# VI. MI TIERRA
ふるさと

VII. MIS NIETOS
孫への思い

VIII. SIN TI
夫逝く

1951. En Tacubaya.
Mitsuko 37-38 años de edad.

1951年　タクバヤにて
光子37〜38歳

Escucho al pisar
el agua congelada,
esos recuerdos,
de memoria lejana.
Sigo camino en ella.

さくさくと
氷を踏めば
その音の
なつかしきまま
歩みつづけぬ

Pisando el agua congelada
el sonido me recuerda
de memorias muy lejanas
y encima de ella sigo caminando.

さくさくと氷を踏むと
　　　　　その音が
　懐かしく感じられて
そのままずっと歩き続けた

1962 septiembre. Después de 27 años, a los 48 años de edad, Mitsuko regresa a su tierra.

1962年9月
日本に27年ぶりに帰国
光子48歳

055

Observo mi hogar
tras veintisiete años
sin un vistazo.
Le hago caso a mi padre,
allí ha envejecido.

二十七年　相見ぬ故郷に　帰り来て　いたく老いたる　父に従う

27 años
después de no poder mirarlo
vuelvo a ver a mi hogar
donde le hago caso a mi padre envejecido.

27年間
目にすることがかなわなかった
故郷に帰ってきて
ぐっと老いた父につき従う

No se ha rendido
por dolor ni tristeza
en un mundo que cambia.
Su espalda tallo, padre,
me quedo mis lágrimas.

Sin dejarse vencer por dolores y tristezas
y sobreviviendo un mundo que cambia
bañaba la espalda de mi padre
aguantándome las lágrimas.

変わる世の中を
耐えて生き抜いてきた
父の背中を洗ってやった
涙をこらえながら

変わる世を　生き耐えて来し　父の背を　洗ひてやりぬ　涙こらえて

El árbol prueba,
orgullo de mi abuela,
familias nobles.
Bello musgo tupido,
me recargo en la *kaya*.

古き家の　証と祖母が　誇りたる　苔むす榧の　幹に倚り立つ

"Este árbol es prueba de
una familia venerable".
Me decía orgullosamente mi abuela.
Viendo el bello musgo que ha crecido
ahora me recuesto en el árbol de *kaya*.

「代々続く立派な家の
証だよ」と祖母が
誇りにしていた
苔むすカヤの木の太い幹に
今私はもたれかかって立つ

Si encuentro cosmos,
no es que extrañe el terruño,
pero me acerco.
Y por no sé que azares
al florista los compro.

郷愁と　云うにあらねど　コスモスの　花屋にあれば　寄りて買い行く

No es que extrañe a mi tierra.
Pero cuando veo cosmos en la florería
de casualidad termino acercándome
y los compro.

ふるさとが恋しいから
というわけでもないのだけれど
コスモスが花屋にあると
つい寄って買い求める

10 de mayo de 1972.
Muere el papá de Mitsuko.
Mitsuko tiene 57 años de edad.

1972年5月10日
光子の父、永眠する
光子57歳

海に日の　沈む一点を　見つめゐき　父母既に亡き　故郷は遠し

En aquel punto
donde se pone el sol,
está mi tierra,
allá lejos, mis padres
no me están esperando.

Me quedé mirando aquel punto
donde se puso el sol.
Mi tierra,
donde mis padres ya no me esperan,
está muy lejos.

海に日が沈む
その一点を
見つめていた
父母が既に亡くなってしまった
故郷ははるか遠い

060

Cartas que escribo,
ya son cada vez menos
las que iban rumbo a mi hogar.
Al perder a mi padre
ya no sé que contarles.

Las cartas que escribo a mi hogar
van disminuyendo
ahora que he perdido a mi padre,
no sé que escribirles.

ふるさとに送る手紙の数が
減っていった
父が亡くなった今
いったい何を書けばいいというのだろう

ふるさとへ　手紙の数は　減り行きぬ　父の亡き今　何を書くべき

Olor de *kuwa*
inunda todo el cuarto.
Es la comida
del gusano de seda.
Joven, bella, mi madre.

桑の香の たつ蚕室に 給桑の 母若かりし 美しかりし

El cuarto tenía el buen olor de *kuwa*
dándole de comer a los gusanos de seda
mi madre era joven y bella.

桑の葉の匂いがする部屋で
蚕にえさをやる母は若かった
美しかった

Gusanos santos,
como decía mi madre,
gusanos de seda.
Esmeros para crecer
mucho aprendí de ese actuar.

"Gusanos santos"
Así les decia mi mamá a esos bichos
y con mucho cuidado los hacía crecer.
De la actitud de mi madre, cuánto he aprendido.

お蚕様と 云いて養蚕に はげみたる 母の姿に 我は学びし

「お蚕さま」と大切に呼びながら
一所懸命に蚕を育てていた
母の姿から
私は学んだ

1980. A los 65 años de edad. 　　　1980 年　光子 65 歳

Planté y creció
aquel *sakura* que
traje de Japón.
Son racimos sus flores
aún insisten en crecer.

El *sakura* que traje desde Japón,
lo he plantado y ha crecido
sus flores ahora son racimos
y estos también siguen creciendo.

遠く日本から持ってきて
植えられた八重桜が
メキシコで咲いた
花房を幾重にも重ねて

日本ゆ
移植されたる
八重ざくら
メヒコに咲きぬ
房を重ねて

Para salarlos,
botones de cerezo
un día recogí.
Hacía aquello y al tiempo
mi madre me habitaba.

八重ざくらの　つぼみをつみて　漬けたりき　かの日は我に　母が有りたり

Aquel día que tome los capullos del *sakura*
y mientras los salaba
dentro de mi estaba mi madre.

八重桜のつぼみを摘んで
塩漬けにしたあの日
私の中には私の母がいた

1984. A los 70 años de edad.   1984 年  光子70歳

Donde yo anduve
en mis zancos de bambú,
el mismo jardín.
Allí donde me decían:
¡Mira que vivaz eres!

おてんばと　云はれながらも　竹馬に　乗りて遊びし　ふるさとの庭

Jugando sobre zancos de bambú
este es el jardín donde decían:
"Mi hija parece hijo".

おてんば娘だと言われながらも
竹馬にのって遊んだ
ふるさとの庭

I. CRUZANDO EL MAR
海をわたる

II. MIS HIJOS
子への思い

III. MI ESPOSO
夫への思い

IV. ESPÍRITU QUE SE ADAPTA,
VALORES QUE NO CAMBIAN
揺れる心、変わらぬ信念

V. VIDA COTIDIANA
暮らしの中で

VI. MI TIERRA
ふるさと

# VII. MIS NIETOS
孫への思い

VIII. SIN TÍ
夫逝く

1963. Nace su primera nieta,
Miki Yamazaki.
Mitsuko tiene 49 años de edad.

1963 年
初孫・山崎美希生まれる
光子49歳

風薫る　朝に届出（とどけで）すませたり　今日より美希（みき）も　メヒコの一人

Una mañana,
vientos y suave aroma
con Miki al volver.
Dice el registro civil,
una mexicana más.

En una mañana airosa
llena de buenos olores
regresamos del registro civil.
Desde hoy Miki es una mexicana más.

さわやかな風が吹きわたる朝
出生の届け出をすませた
これで今日から美希も
メキシコの一人

067

"Heredarás
sueños para México".
Se lo murmuro.
La idea abraza a mi nieto,
su calidez me envuelve.

"Tú heredarás los deseos
que tengo en México".
Con estos pensamientos
abrazo a mi nieto
y su calor me abraza a mi.

我が願(ねが)い メヒコにつぎて 行く汝(なれ)と 孫を抱(いだ)けば ぬくみつたい来(く)

「私の願いを
メキシコに受け継いでいく
きみなのだ」と
思いながら孫を抱くと
そのぬくもりが伝わってきた

1964. Nace su segunda nieta,
Maki Yamazaki.
Mitsuko tiene 50 años de edad.

1964年
第二の孫山崎真希生まれる
光子50歳

我若く　吾子に歌いし　ハトポッポ　孫に歌いて　安らぎの日々

Joven, cantaba
canciones a mis hijos.
De nuevo canto.
Ahora, para mis nietos,
son de paz todos los días.

Cuando era joven,
le cantaba canciones a mis hijos.
Ahora las vuelvo a cantar
a mis nietos.
Todos los días son días de paz.

私が若いときに
自分の子どもに歌ってやった
「ハトポッポ」の童謡を
今は孫のために歌って
安らぎの毎日

De secar chamoy
mis manos ya descansan,
hijos y nietos,
es para los de lejos
cruza en el cielo un avión.

遠き子と　孫にやらむと　干す梅の　手を休めつゝ　過ぐ機見つむる

Dejo a mis manos
descansar de secar chamoy.
Pienso en dárselos a los hijos y a mis nietos
que viven lejos,
mientras veo pasar un avión en el cielo.

遠くに住む子どもと孫に
やろうと思って
梅を干している
その手を休めて
空を横切る飛行機を見つめる

1964.　　　　　　　　　　　　1964 年
Comprando casa en Iztaccíhuatl #72.　イスタシワトル 72 に家を買う
A los 50 años de edad.　　　　　　　　　光子 50 歳

070

Cuarto de otoño.
Para mi nieto, cosen
primeras prendas.
mis nueras calientitas
robustas y felices.

秋の日の　ぬくき室ぬち　産着縫う　嫁等の姿　ふくよかにして

Calientitas en un cuarto en otoño,　　秋の日の暖かい部屋の中で
mis nueras estas cosiendo　　　　　　これから生まれてくる赤ん坊のため
contentas y muy sanas　　　　　　　　産着を縫っている嫁たちの姿は
las primeras ropas de mi nieto.　　　　ふっくらと満ち足りている

Ya van al kinder,
ya mis nietos aprenden
su himno nacional.
¡Vamos a cantar juntos,
cantemos abuelita!

幼稚園へ　通へる孫が　覚え来る　メヒコの国歌　汝と歌はむ

Mis nietos aprenden
el himno nacional en el kinder
"¡Cantemos juntos abuelita!"

幼稚園へ通っている孫が
覚えてくるメキシコの国歌
きみと一緒にさあ歌おう

1975. A los 61 años de edad.    1975年　光子61歳

## 072

Años pasarán
yo seré tu recuerdo:
soy la abuelita.
El trato con mis nietos,
cuidadosas palabras.

年経ちて　汝が思い出す　祖母我と　思う時言葉　慎みて云う

Cuando pienso que los años pasarán,
y que esta es la abuela
que van a recordar,
cuido las palabras
que les digo a mis nietos.

年月が経った時
きみが思い出す祖母は
他でもないこの私なのだと思う時
自分の言葉に気をつけて
孫に声をかける

1977. A los 62 años de edad.　　　1977年　光子62歳

Dice mi nieto:
Abuelita ven a ver,
dice el pequeño.
Hay flores en el árbol,
el de chamoy japonés.

"¡Abuelita,
ven a ver!
El árbol de los *umeboshi* floreció".
me dice mi pequeño nieto.

「おばあちゃん、
こっちに来て見てごらん
梅干しの花が咲いた」
と幼い孫が言う

おばあちゃん　来て見てごらん　梅干しの　花が咲いたと　幼孫云う

あかね 短歌百選　CIEN TANKAS DE AKANE　97

1982. A los 68 años de edad.　　　1982年　光子68歳

¿Estoy enfadada
por no rimar mis versos?
Puede que lo esté
a mi nieto le dije
unas palabras bruscas.

歌一首　まとめえぬ今日の　あせりにか　孫には荒き　言葉を放つ

Quizá estoy agitada
porque no le pude
dar forma ni siquiera a una canción.
Usé palabras bruscas con mi nieto.

短歌の一首さえもうまくまとめられなくて
焦っているからだろうか
孫に対して
荒っぽい言葉をぶつけてしまう

Una langosta
dibujo de mi nieto,
el que es costeño.
Casi salta del plato
y se sale el dibujo.

La langosta
que dibuja mi nieto costeño,
aún parece que va a saltar del plato.

海の子の　孫が描きたる　いせえびは　皿の上より　はね出ずる如

海の町で育つ孫が描いた
伊勢エビは
今にも皿の上から飛び出してきそうだ

1984. A los 69 años de edad.　　　1984年　光子69歳

Estoy agachada,
besos de mis nietos
llenan mi cara
y casi estoy yo por cumplir
unos setenta años.

かゞみては　キスを受けつゝ　孫たちに　囲まれ七〇に近き我かな

Agachándome
para recibir los besos de los nietos,
yo ya pronto voy a tener 70 años.

かがんではキスを受けながら
こうやって孫たちに囲まれて
私ももう70歳近くなったのだなあ

Los nietos de Mitsuko
que casi no hablaban japonés
la llamaban Obaachan (abuelita).

日本語をほとんど話さない孫からも
光子は「おばあちゃん」と
呼ばれていた

我よりも　背高く太き　孫たちが　われを囲みて　「アイ！　おばあちゃん」

Mis nietos ahora
más altos y más fuertes,
todos mis nietos.
Me rodean y me dicen:
"¡Ay, Obaachan... ay, Obaachan!"

Los nietos ya son
más altos y fuertes que yo,
me rodean y dicen
"¡Ay, Obaachan!"

私よりも背が高く
がっしりした孫たちが
私を囲んで言う
「ああ、もう、おばあちゃんったら！」

I. CRUZANDO EL MAR
海をわたる

II. MIS HIJOS
子への思い

III. MI ESPOSO
夫への思い

IV. ESPÍRITU QUE SE ADAPTA,
VALORES QUE NO CAMBIAN
揺れる心、変わらぬ信念

V. VIDA COTIDIANA
暮らしの中で

VI. MI TIERRA
ふるさと

VII. MIS NIETOS
孫への思い

# VIII. SIN TÍ
夫 逝く

marzo de 1973.
Tsutomu Kasugamuere de pancreatitis
a los 62 años.
Mitsuko tiene 58 años de edad.

1973年3月
急性すい炎にて62歳の夫
春日カルロス勉が急逝
光子58歳

> Entre mis manos,
> las manos de mi esposo
> más trabajo y más.
> Ahora, manos frías
> ahora, manos sin fuerza.

Tomo las manos de mi esposo
manos que trabajaron
y continuaron trabajando.
Ahora están frias, ahora no tienen fuerza.

働きに働いて逝ってしまった
夫の手に触れると
既に冷たい
既に力がない

働きて働きて逝きし夫の手の既に冷たし既に力なし

Pena corazón.
Tal vez llorar a gritos
bajaría el dolor.
Aún sin llanto, pasó el día
sin vuelta. Primavera.

大声に　泣かば心も　安らぐと　思へど泣けず　春の日は逝く

Pienso que si llorara a gritos,
la pena de mi corazón
sería un poco menor.
Pero aún si no puedo llorar
aquel día de primavera pasó y no regresará.

大声で泣いたなら心も
少しは安らぐだろうと
思うけれど
私は泣けなくて
春日は遠くへ逝ってしまった

Mayo de 1973. Llevando las cenizas de su esposo a Misuzu, en Ina (Japón). Mitsuko tiene 58 años de edad.

1973年5月　亡夫の遺骨を伊那市美篶の丘へ埋葬した　光子58歳

Duerme mi esposo
debajo de un gran árbol,
pájaro cucú.
En su nombre, crúzalo,
el valle, llora a gritos.

大ひばの許に眠れる夫のため子規鳴け谷渡り来て

En nombre de mi esposo que duerme
debajo de un árbol,
pájaro cucú, ¡llora a gritos!
Cruza el valle y llora.

大きなヒバの木の下に眠っている
夫のために
ホトトギスよ鳴いてくれ
谷を渡って来て鳴いてくれ

Incluso días que
hasta duelen los huesos,
los aguanto sola.
Ya sin mi esposo, aguanto
todo con mi soledad.

しんしんと　骨の疼きの　しるき日よ　夫のなき今　一人堪ゆべし

En los días donde me duelen
hasta los huesos,
ahora que ya no está mi esposo,
sola tengo que aguantarlo todo.

しんしんと
骨の痛みが激しい日よ
夫がいなくなってしまった今
一人で堪えなければ

PRIMERA PARTE　第一部

Abril de 1974.
En Zihuatanejo.
A los 59 años edad.

1974 年 4 月
シワタネホにて
光子 59 歳

夫の後　従い行きし　砂浜に　その足跡の　無くてなげくも

Vuelvo a la playa
donde seguí sus pasos
hace varios años.
Mas ya no están sus huellas.
mundo, colmas tristeza.

Regresé a esta playa
donde hace varios años seguí sus pasos.
Pero ahora sus huellas
no están en ninguna parte.
Mi mundo se llena de tristeza.

以前夫の後について散歩した
砂浜にやって来たが
夫の足跡はもう
どこにもなくて
たまらなく悲しい気持になる

083

Gran ola rompe
el instante en la orilla
y me parece...
...que acabo de escuchar
su grito de alegría.

巨き波　岸にくだけし　たまゆらに　夫の歓声　湧きし心地す

En el instante
cuando una gran ola
se estrelló contra la orilla,
creo haber escuchado su grito de alegría.

巨大な波が岸に当たってくだけた
その瞬間
夫の歓声が
聞こえたような気がした

1974. El 2do *O-bon* (similar al Día de Muertos) desde que falleció su esposo. A los 59 años de edad.

1974年　夫が他界してから二度目のお盆を迎える
光子 59 歳

Dije a mis nietos:
"En *obon*, vuelve Ojiichan".
Todos gritaron.
Muchos gritos de alegría,
porque ya va a regresar.

お盆には　おぢいちゃんが来ると　我云えば　集へる孫等　歓声を挙ぐ

Les dije: "En *o-bon*, Ojiichan (abuelito) va a regresar" y mis nietos gritaron de alegría.

「お盆になれば、亡くなったおじいちゃんが帰ってくるんだよ」と私が言うと、集まっていた孫たちは無邪気に歓声をあげた

Por teléfono
me pregunta mi nieto
que vive lejos:
"¿Y todavía no llega?"
"¿Aún no ha llegado Ojiichan?"

Mi nieto que vive lejos,
una y otra vez me pregunta
por teléfono:
"¿todavía no llega Ojiichan (abuelito)?"

おぢいちゃんは　まだ来ないのと　外孫の　電話の声の　しきりなりけり

「おじぃちゃんは
まだ来ないの」と
離れて暮らす孫から
たびたび電話がかかってくる

Dice: "En este *obon*,
cuando llegue Ojiichan
haremos algo".
"Sí, para que se quede",
dicen mis otros nietos.

Dice uno de mis nietos:
"En este *o-bon*,
cuando regrese Ojiichan (abuelito),
hay que hacer algo para que no se vaya".
Y los demás asienten diciendo que así lo harán.

おぢいちゃんが　行かないように　しませうと　言い出ずる孫と　頷く孫と

「お盆におじいちゃんが
帰ってきたら
もう行ってしまわないように
しましょう」と言い出す孫と
そうしようとうなずく孫と

Durante el festival de *O-bon*,
para que el espíritu de
los antepasados pueda regresar,
se construyen caballitos de vegetales.

故人の精霊が馬などに乗って早く
帰って来るようにという願いをこめて
野菜で動物の形を作り供える
日本のお盆の習慣

Con los caballos
que te hicimos cruza y ven
del otro mundo.
Berenjena y pepino,
eso fue lo que usamos.

Usando el caballo que hicimos de berenjenas
o montado en el caballo
que hicimos de pepinos,
cruza del otro mundo y ven.
Ven a la casa donde te esperan tus nietos.

ナスやキュウリで作った
馬に乗ってお越しください
あの世の夫よ
孫たちの待つ家へと
来てください

茄子（なす）の馬　キュウリの馬に　乗り給（たま）い　参らせよ亡き夫（つま）　孫の待つ家へ

1974. A los 59 años de edad.　　　1974 年　光子 59 歳

Todos los días, hasta hoy
me aguanto las lágrimas
todas, por siempre.
¿Algún día lloraré hasta
que no pueda llorar más?

何時の日か　心ゆくまで　泣ける日の　我にもあるか　泣かず耐え来て

Hasta ahora,
siempre he aguantado todas mis lágrimas.
¿Llegará alguna vez
el día que pueda llorar
hasta que no quiera llorar más?

いつの日か気がすむまで
思いきり泣ける日が
私にも来るのだろうか
これまで泣かずに
じっと耐えてきて

Una ola de frío
anuncian las noticias.
¿Nieve en el Popo?
Lugar donde descansa
aquel, mi esposo amado.

寒波来と　テレビニュースは　伝えたり　夫ゐるポポは　雪降りてゐむ

En las noticias dicen
que viene una ola de frío.
Estará nevando en el Popo,
donde descansa mi esposo.

寒波が来ると
テレビニュースは伝えた
夫が眠るポポカテペトル山では
雪が降り積もっていることだろう

PRIMERA PARTE　第一部

9 de marzo de 1975.　　　1975 年 3 月 9 日　夫の三年忌を
A las faldas del Popocatépetl.　ポポカテペトル山にて行う
A los 60 años de edad.　　　　　　　　　　光子 60 歳

Aquí en mi puño
apretando cenizas,
cuerpo de mi amor.
La distancia entre vida
y muerte es infinita.

茫々と　生死の距離の　あるところ　夫の骨片　掌に握りしむ

Apretando las cenizas de mi esposo　　　果てしなく広がる
en mi mano,　　　　　　　　　　　　　生と死の間の距離を感じながら
siento la distancia infinita　　　　　　　　夫の骨のかけらを
que se expande sin fin entre la vida y la muerte.　手のひらに握りしめる

Ropa y zapatos,
como cuando aún vivía,
justo en su lugar.
Ya pasaron tres años,
anhelos, vuelve mi amor.

衣も靴も　在りし日のまゝ　保ちゐて　亡夫帰る日を　三年待ちたり

Su ropa y sus zapatos siguen
en el lugar donde estaban cuando vivía.
Ya han pasado tres años
esperando que regrese mi esposo.

服も靴も
生きていたときのまま
大切にもって
夫が帰ってくる日をもう3年待った

Viviste engaños,
con tristes sentimientos,
y varias veces.
Te fuiste al otro mundo
sin nunca compartirlos.

幾度か　騙されながら　悲しみを　人には云はず　逝きし亡夫はも

Fuiste engañado varias veces
y partiste al otro mundo
sin compartir aquel triste sentimiento.

何度か人にだまされながらも
悲しみを人には言わないまま
あの世に旅立ってしまった夫よ

093

Mis hijos y yo,
la crueldad de la gente,
Sobrevivimos.
Capaces de continuar
empresas de mi esposo.

Sobrevivimos a pesar de la gente cruel.
Junto con mis hijos,
somos capaces de continuar
el sueño de mi esposo.

今は亡き夫の夢を
実現することができた
子どもと私は共に
つらい人の世を生き抜いてきて

亡夫の遺志　貫き得たり　子と我と　辛き人らの　中を生き来て

Máquinas, ruido.
La construcción del Liceo.
Aplanar tierra.
Que retumben los ecos
hasta el Popo, donde estás.

Qué el sonido de
las máquinas de construcción,
que aplanan la tierra para construir el Liceo,
te llegue.
Qué llegue hasta donde tú estás en el Popo.

整地するブルドーザーの
　　エンジンの音よ届け
学校建設を夢見ていた
　　　　　　夫が眠る
ポポカテペトル山まで

整地する　ブルドーザーの　エンジンの　音もとゞけよ　ポポの高嶺に

1974. A los 64 años de edad.　　　1979年　光子64歳

No me visitas
siquiera en sueños.
¡Te extraño mi amor!
Si bien me quedé sola,
seis años de realidad.

夢にさえ　出で来ぬ亡夫を　尚恋いて　寡婦六年の　現実に生く

Aunque ni siquiera en mis sueños　　　夢にさえ
me viene a visitar,　　　　　　　　　出てきてくれない亡き夫を
aún extraño a mi esposo.　　　　　　　今もなお恋しく思いつつ
Aunque me quedé sola,　　　　　　　　寡婦となってから6年の時が流れた
he vivido la realidad de estos seis años.　この現実を生きる

Cauce del tiempo
fluyes, pasas como agua.
Los que no han muerto,
para ellos todavía caen
flores de jacaranda.

歳月は　水の如くに　過ぎ行きて　遺りし者に　ハカランダ散る

El tiempo fluye y pasa como el agua.　年月は流れる水のように過ぎてゆき
Para los que no han muerto　　　　　死なずに残った者の上に
las flores de la jacarandas caen.　　　ハカランダの花が散る

1984. A los 70 años de edad.　　　　　1984年　光子70歳

Tengo dos frascos,
su medicina
aún por acabar.
Se la sigo guardando
desde hace 12 años.

のみかけの　夫（つま）の薬の　瓶（びん）二つ　そをとりおきて　十二年たつ

Sus dos botellas de medicina,　　　　夫の飲みかけの薬瓶が二つ
sin acabar.　　　　　　　　　　　　　それを取っておいて
Ya son doce años que se las estoy guardando.　もう12年がたつ

Esos caballos
que te iban a recoger
ya se marchitan.
Berenjena y pepino.
No llegas, aunque esperé.

El caballo de berenjena y
el caballo de pepino
que te iban a recoger,
se empiezan a marchitar.
Y por más que te esperé, no llegaste.

茄子の馬　キュウリの馬も　なえばみて　今年の盆も　遂に夫来ず

夫を迎えるために
ナスやキュウリで作った馬も
日が経ってしぼみ始めてしまった
今年のお盆にもついに
夫は帰って来てくれなかった

099

Con vista al Popo
cosmos florecen sin fin,
lo he decidido.
Sí, aquí, éste es el monte
donde estará mi tumba.

Con la vista del Popo al frente
los cosmos floreciendo sin fin.
Está decidido,
éste monte sera mi tumba.

夫が眠っているポポカテペトル山を
　　　正面にのぞんで
　コスモスの花がいっぱいに
咲いている丘を私の墓地と決めた

ポポの嶺を　真向かひにして　コスモスの　咲きみつ丘を　墓地ときめたり

1979. A los 64 años de edad.　　　1979年　光子64歳

メキシコに　根強く子等ら は　生き行ゆ くと　亡夫つま に召されし　日には語らむ

Los hijos nuestros,
con raíces en México,
todos florecen.
Quiero contarle a mi amor
cuando vaya a su lado.

"Nuestros hijos, todos,
echaron raíces en México
y están floreciendo".
Eso le quiero poder decir a mi esposo
cuando me llame a su lado.

「子どもたちはメキシコで
たくましく根を張り生きていますよ」と
死んだ夫に招かれて
天国に行ったときには
語って聞かせよう

あかね 短歌百選　CIEN TANKAS DE AKANE

# BIOGRAFÍA I
## 略歴 I

### Versificación: Cynthia Viveros Cano
### スペイン語 短歌　シンティア・ビベロス

(D.F., México, 1975)
Estudió Relaciones Internacionales en el Colegio de México y tiene una maestría en Políticas Públicas por la Universidad de Duke. Trabaja en las Naciones Unidas en Nueva York y ha vivido en Colombia y Brasil. Ávida lectora de prosa que solía desconfiar de la poesía se dejó sorprender por los tankas de Akane. Un día, leyendo las traducciones en vernáculo, intentó recuperar el estilo original de algunos poemas y recreó los tankas en español. Ahora se declara, sin recelo, admiradora de Pessoa, Amichai y Issa.

1975年、メキシコシティ生まれ。メキシコの大学、コレヒオ・デ・メヒコで国際関係を学んだ後、アメリカのデューク大学で公共政策の修士号を取る。ニューヨークの国連本部に勤務。コロンビア、ブラジルへの赴任も経験する。文学好きのシンティア・ビベロスはある時、あかねの短歌をスペイン語に訳した原稿を偶然読んで感銘を受け、音韻を大切にしたスペイン語の短歌として再構築する試みを自発的に始める。敬愛する詩人は、フェルナンド・ペソア（ポルトガル）、イェフダ・アミハイ（イスラエル）、小林一茶（日本）。

あかね 短歌百選　CIEN TANKAS DE AKANE

## Compilación / Interpretación: Aiko Chikaba
選歌 / 解釈　近葉 愛子

[La biografía de Aiko Chikaba se encuentra al final de la segunda parte.]　　[ プロフィールは第二部末尾を参照 ]

## Traducción: Carlos Ernesto Pierre-Audain Kasuga
スペイン語 口語訳　カルロス・ピエール

(D.F., México. 1977)
Con padre de ascendencia Haití-Nicaragüense y madre de ascendencia japonesa, crece en México absorbiendo varias culturas. Se graduá de la Universidad de Brown en Estados Unidos. Después de trabajar en Tokyo, Londres y Nueva York en banca de inversión, se muda con su esposa, Aiko Chikaba, a Beijing para estudiar mandarín. Regresa a los EEUU y enfoca su experiencia financiera hacia el desarrollo social. Ahora trabaja para Kiva, una ONG de microfinanzas. Con el trabajo y sus dos hijos tiene sus días llenos.

1977年、メキシコシティ生まれ。ハイチ・ニカラグア系メキシコ人の父と日系メキシコ人の母をもち、さまざまな文化を吸収しながらメキシコシティで育つ。アメリカのブラウン大学卒業。東京、ロンドン、ニューヨークで投資銀行に勤務した後、妻の近葉愛子とともに北京に留学し中国語を習得。その後サンフランシスコに移り住み、マイクロファイナンスを行うNGO（Kiva キバ）で、利益ではなく社会変革を追求する金融の専門家として活躍中。仕事に子育てに多忙な毎日を送っている。

Segunda Parte
LA VIDA DE MITSUKO KASUGA

# 第二部
# 春日光子の生涯

Texto: Aiko Chikaba
文：近葉 愛子

Traducción: Miwa Teresa Pierre-Audain Kasuga
訳：美和・ピエール

Versificación: Mara Pastor
スペイン語短歌：マラ・パストール

# MAPA
地図

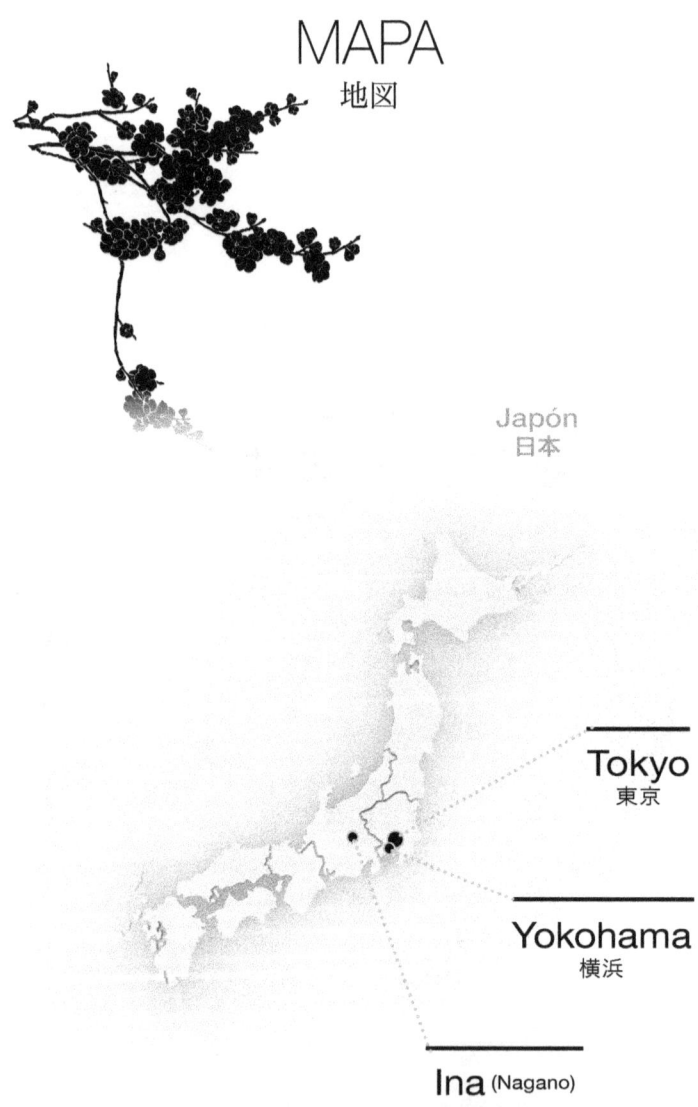

SEGUNDA PARTE　第二部

# 1. LA NIÑA DE NAGANO

*Tanka 061, 062, 065*

**信州育ちの勝ち気な娘**

# 春日光子の生涯　LA VIDA DE MITSUKO KASUGA

Mitsuko nació el 15 de junio de 1914 en Ina, Prefectura de Nagano, Japón. Sus padres fueron Inao Osaka y Yukie, quienes se dedicaban al cultivo del arroz y del gusano de seda, actividades que requerían de un arduo trabajo de sol a sol.

Mitsuko fué la segunda de cuatro hijas. Los abuelos, que compartían el techo con la familia, consentían mucho a Mitsuko, pero eran a la vez muy estrictos con su educación.

Entre las hermanas, Mitsuko era poco femenina, ya que le gustaba jugar con zancos y le encantaba andar en bicicleta. Al salir de su casa, veía frente a sus ojos amplios arrozales y extensos campos y más allá, al fondo, se erguían los Alpes Japoneses con la montaña Komagatake en lo alto. En el traspatio de la casa había una colina relativamente elevada con muchos árboles. En las cercanías corría un riachuelo con agua cristalina y aire muy limpio. Al llegar la primavera, los cerezos y las flores de loto florecían, y en el otoño el viento soplaba sobre las flores de cosmos.

Al atardecer, Mitsuko regresaba de jugar por las

Mitsuko (a la derecha) y sus hermanas
妹たちと光子（右）

1914年（大正3年）6月15日、光子は小坂伊那雄とゆきえの子として、長野県の伊那で産声をあげた。四人姉妹の二番目である。両親は家業の稲作と養蚕で忙しく、代わりに同居する祖父母によく世話をされたが、しつけは厳しかった。家の前には田畑が広がり、周囲を取り囲む野山のその向こうには駒ケ岳がそびえ立つ。そんな豊かな自然の中で、光子は子ども時代をのびのびと過ごした。

のちに光子はこの故郷を離れ、遠い異国の地で逆境にたえながら歌人として花を咲かせるのだが、そんな人生を歩むことになることなど、子ども時代の光子には知る由もない。しかし、ふるさと伊那の空に広がる夕焼けや、茜色に染まる駒ヶ岳は、歌人としての光子の原風景だった。40歳になってから名乗った雅号「あかね」には、彼女のふるさとへの思いが込められていた。

光子は姉妹の中でも特に好奇心旺盛で、家の外で自転車を乗り回したり竹馬で遊んだりするのが好きだった。そんな光子も、12歳になって伊那高等女学校に通うことになる。そこで光子は修学旅行の一環として横浜港から神戸まで一等客

montañas y el cielo de los campos se teñía de colores muy hermosos. Con el reflejo del atardecer, la montaña Komagatake parecía arder en color rojo. Conforme Mitsuko observaba el cambio gradual de colores, sentía que su alma se iba llenando de satisfacción.

A los 12 años de edad, Mitsuko comenzó a asistir a la preparatoria femenina de Ina. El director de la preparatoria, el profesor Teisuke Yagi, era un educador progresista, y deseaba que sus alumnas, formadas en un pequeño pueblo agrícola, tuvieran una visión cosmopolita. Gracias a él, Mitsuko y sus compañeras tuvieron la oportunidad de cruzar, en su viaje de graduación, del puerto de Yokohama a Kobe en un barco de pasajeros de primera clase. El barco al que subieron era uno de los enormes cruceros de pasajeros que usualmente navegaba a Europa y dejó deslumbradas a las alumnas de Nagano. A Mitsuko le dejó el anhelo de conocer más allá de ese mar.

A los 14 años, la familia de Mitsuko sufrió una tragedia:

La madre de Mitsuko — Yukie Osaka
母・ゆきえ

船に乗るという、思いがけない体験をした。先進的な教育者だった校長の八木貞助が、農村の生徒たちも広い世界に目を向けるべきだと考えて取り計らったものだった。その大型客船は、通常はヨーロッパ航路を航行しているもので、山国育ちの生徒たちの目にはあまりにまぶしかった。この体験がきっかけで、光子は海の向こうの世界に憧れを抱くようになったのである。

しかし、穏やかに暮らしていた光子の一家は突然、不幸に見舞われる。父・伊那雄が出納係を務めていた養蚕組合で、部下が組合の資金を持って芸者と駆け落ちし、行方不明になるという事件が起こったのだ。職責を重く受けとめた伊那雄は、部下の不祥事の責任をとり、私財を投げ打って弁済することになった。一家はたちまち落ちぶれ、貧乏な暮らしを余儀なくされた。しかし、生活の困窮以上に光子を深く傷つけたのは、村の人々の態度が冷たくなったことだった。光子14歳のときである。

悪いことは続くもので、その翌年には母・ゆきえが病気のため若くして亡くな

en esa época, su padre desempeñaba el puesto de tesorero de la cooperativa de criadores del gusano de seda y, desafortunadamente, un empleado de la cooperativa se enamoró de una geisha y se fugó con ella, robándose todos los fondos de la cooperativa. El caso terminó mal, el empleado cometió suicidio y como tesorero de la cooperativa, Inao, asumió la responsabilidad del desfalco. En acorde a su gran sentido de responsabilidad en su función, Inao cubrió la malversación con recursos propios. La familia de Mitsuko quedó en la bancarrota. Más allá del hecho de volverse pobres, el acontecimiento dejó a Mitsuko profundamente dolida, ya que sentía un cambio en la actitud de la gente de su pueblo. A esa aflicción se suma otra al año siguiente: la madre de Mitsuko, Yukie, enfermó y falleció. Mitsuko estaba sobrecogida por la tristeza.

En la estructura social de 1920, existía mucha discriminación de género y, por lo tanto, era extremadamente difícil que una mujer pudiera conseguir trabajo bien remunerado. Aunque Mitsuko tenía planes de continuar sus estudios después de graduarse de la preparatoria de mujeres, decidió

El padre de Mitsuko — Inao Osaka
父・伊那雄

る。度重なる不幸に見舞われ、光子は悲しみに打ちひしがれた。

それまで光子は、高等女学校を終えた後も進学を希望していたのだが、家庭の状況を考えれば断念せざるを得なかった。さりとて、働いて家計を支えようにも、今では考えられないほど男女格差が大きい当時の社会では、女性が高給の仕事につくことは容易ではない。さらに1929年にはアメリカを震源地として世界恐慌がスタート。そのあおりをうけて海外市場で生糸が売れなくなり、養蚕業に多くを頼っていた信州の地域経済全体が落ち込んだ時期でもあった。

かといって、結婚という選択も光子には難しかった。当時の農村女性の結婚適齢期は十八歳ぐらいとされていたが、結婚しようにも家には資産がない。花嫁道具や持参金が用意できなければ、嫁ぎ先の家での立場が低くなってしまうのは目に見えている。自分の人生をそんなふうに台無しにするのはまっぴらである。光子には、家に残って農業をする道しか残されていなかった。

「今に見ていろ」。光子は悔しさをぐっと押し殺し、毎日汗と泥にまみれて働い

quedarse en casa y ayudar en el campo.

Mitsuko se decía: "¡Ya verán!" Tragándose su enojo y frustración, comenzó a trabajar arduamente. Entre el sudor y el lodo, cumplió sus 17 primaveras.

En esa época, la edad casadera en los pueblos agrícolas eran los 18 años. Mitsuko no podía casarse, aunque lo quisiera, pues su hogar había quedado en bancarrota. No había dinero para comprar el ajuar para la novia ni un pequeño monto para su dote. Ella sabía que, sin un buen ajuar para su matrimonio y sin dote, si se casaba terminaría con una posición social muy baja en su nueva familia. Mitsuko no iba a permitir que su vida se desperdiciara de esa manera.

En 1931 estalla la Guerra con Manchuria. Muchos de los hombres del pueblo de

Mitsuko cosechando arroz
稲刈りをする光子

---

た。十七歳の、青春というにはあまりにつらい日々だった。

　1931年、満州事変が勃発。光子が住んでいた伊那の町からも、多くの男性が中国大陸の戦地へと旅立っていった。伊那の女子青年団長になった光子は、出征の見送りをしたり、戦地に慰問袋を送ったりすることに、かろうじて生きがいを見出していた。

Mitsuko fueron reclutados y enviados a China continental para combatir. Mitsuko, que para entonces se había convertido en la Presidenta de la Asociación de Mujeres Jóvenes de Ina, organizaba sus despedidas, así como el envío de paquetes de apoyo con ropa, jabón, comida, medicina, fotos y dibujos. Ella sentía mucha satisfacción en este trabajo.

La casa de Mitsuko
光子が育った家

## 2. "NOVIA POR FOTOGRAFÍA"

*Tanka 001, 002*

「写真花嫁」

春日光子の生涯　LA VIDA DE MITSUKO KASUGA

Cuando Mitsuko tenía 21 años, un casamentero vino a visitar a su padre Inao, para proponerles que Mitsuko se casara con un joven japonés que había emigrado a México.

El joven que aparecía en la fotografía se llamaba Tsutomu Kasuga. Al igual que Mitsuko, Tsutomu era originario de Ina y era el séptimo hijo de nueve hermanos. Había viajado a México casi cinco años atrás.

Según el casamentero, el papá de Tsutomu era un terrateniente de Ina muy empresarial que tenia negocios en la manufactura de radios de onda corta y propiedades en Tokyo. Era una familia tan rica que habían podido mandar a cuatro de sus hijos a estudiar a Estados Unidos. Sin embargo, el papá murio inesperadamente a los 50. Después de su muerte, los campesinos arrendatarios se sublevaron, la familia perdió sus tierras, los negocios empeoraron y entraron en deuda. El jóven Tsutomu, que tenía planes de estudiar medicina y estudiar en Estados Unidos, tuvo que comenzar a trabajar al graduarse de la secundaria. Trabajo muy duro como garrotero en una

Tsutomu partió de Japón a los 20 años
20歳の若さで日本を後にした春日勉

たった1枚の写真を見ただけで、遠い異国の地に花嫁として旅立つ女性が、現代の日本にいるだろうか？

光子が21歳を迎えたある日、父・伊那雄のところに見合い写真を携えた仲人がやってきた。写真の青年は春日勉。光子と同じ伊那の出身で、九人兄弟の七番目。5年ほど前に単身メキシコに渡ったのだという。

仲人によると、勉の父はもともと伊那の大地主であり、加えて短波ラジオの製造や東京での不動産開発を手がけるなど、やり手の実業家でもあった。家は裕福で、勉の兄たち四人はアメリカに留学したほどであった。ところが勉の父が、病をわずらい五十代で早世。父の死後、小作農たちの反乱が起きて土地が失われたうえ、商売も傾いて一家には借金ができた。ただちに経済的に自立することを迫られた勉は、希望していた医学部への進学やアメリカ留学をあきらめ、中等学校卒業と同時に地元の伊那電鉄に就職。車掌や整備士として休まず働いたらしい。兄弟が力を合わせて稼いだ甲斐あって、やがて春日一家の負債整理にめどが立つ。

compañia ferrocarrilera. Eventualmente las deudas de la familia fueron pagadas y fue entonces cuando, buscando mayores oportunidades económicas, decidió irse a México.

Mitsuko mostró interés en ésta plática de matrimonio. La fotografía de ese joven transmitía la personalidad de alguien honesto. También sintió cierta empatía con él, pues ambos habían perdido a un padre y habían tenido que renunciar a sus estudios.

Inao también aprobó esta propuesta de matrimonio. La familia del jóven estaba ubicada en Misuzu, un pueblo ubicado a tan sólo 10 kilómetros del pueblo de Ozawa, donde vivía la familia de Mitsuko. Inao Osaka, el padre de Mitsuko, conocía de la familia Kasuga por su labor en la cooperativa de sericicultores, y había oido del jóven Tsutomu, de su traslado a México, y de su dedicación y ética de trabajo.

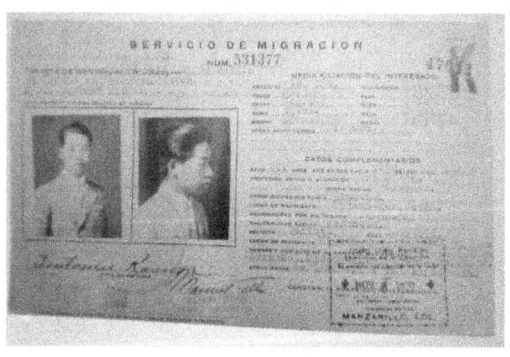

Tsutomu Kasuga
春日勉　メキシコ移住の記録

勉はその時点で、より大きなチャンスを求めてメキシコに渡ることを決めたという。

光子はこの縁談に興味をひかれた。写真の青年からは、誠実そうな人柄がにじみ出ている。親が他界し進学をあきらめざるをえなかったという、自分に似た境遇にも共感を覚えた。

父の伊那雄もこの縁談に賛成だった。青年の実家のある美篶という村は、光子たちの住む小沢から10キロメートル足らずの距離である。伊那雄は養蚕組合の仕事を通じて春日家の人々とも面識があり、メキシコに移住した勉の熱心な働きぶりも耳にしていたのであった。

それにしても、花婿候補が評判の良い働き者の男だからといって、愛娘を地球の反対側に嫁がせるものだろうか。一つ思い当たるのは、伊那雄が昔抱いていた夢である。伊那雄は若い頃、港町・横浜に暮らしていた時期があり、ハワイへの移住に興味を持っていた。しかし、長男であったため信州の実家に戻らねばなら

En esa época, la mayoría de los jóvenes que habían emigrado a México eran hombres solteros. Casi no habían mujeres. Los varones que habían tomado la decisión de radicar definitivamente en México y que tenían el deseo de formar un hogar con una esposa japonesa, enfrentaban el problema de que no habían candidatas matrimoniales a su alrededor. Los jóvenes migrantes tenían que trabajar muy duro todos los días para solventar sus gastos, y no tenían ni el dinero ni el tiempo para regresar al Japón en busca de una esposa. Por ello, pedían a sus familiares en su tierra natal que fungieran como casamenteros y enseñaran sus fotografías a las mujeres solteras que vivían en Japón. Posteriormente, a través del intercambio de cartas, se cultivaba el *omiai* (un tipo de matrimonio arreglado de Japón). De esta manera, los padres de los novios que vivían

Tsutomu trabajando en México
(segundo a la izquierda sosteniendo el rifle)
メキシコで働き始めた頃の勉
(左から二人目のライフルを持っている男性)

ず、移住の希望は叶わなかった。父は、自らの夢を娘の光子に託そうと思ったのかもしれない。

　見合い写真だけでの結婚には、当時の日本人移民の特殊事情もあった。メキシコへ移住した者の多くは独身男性で、若い女性はほとんどいなかった。そのため、永住を決意した男性が日本人女性と家庭を築きたいと思っても、周りに結婚相手がいないという問題があった。毎日の生活費を稼ぐのが精一杯という暮らしをしている移民男性には、日本に帰って相手を見つけるだけのお金もなければ、時間もない。そこで、故郷の親戚などを仲立ちにして、日本に住む女性と写真や手紙を交換する「お見合い」がよく行われていた。日本に住む両家の親同士が会って話をし、縁談がまとまったら日本で籍を入れるのである。こうすれば、嫁いでゆく女性たちはメキシコ在住の夫の「呼び寄せ」という形でビザを取って、単身メキシコに渡ることができるようになる。これを「写真結婚」といい、嫁いでゆく女性たちは「写真花嫁」と呼ばれていた。光子の中学校の同級生にも、この「写

en Japón podían dialogar, y si ambas familias estaban de acuerdo con el matrimonio de sus hijos, lo formalizaban en el registro civil. Era así como una mujer podía partir hacia México, donde ya vivía su marido, en calidad de "invitada" (*yobiyose* en japonés). A esta práctica se le conocía como "matrimonio por fotografía" (*shashin kekkon*) y a la novia se le llamaba "novia por fotografía". (*shashin hanayome*).

Entre las amigas de secundaria de Mitsuko también habían otras que se habían casado por medio del "matrimonio por fotografía" y se habían desplazado a Perú ó a Brasil.

Que una mujer hiciera un viaje transpacífico sola no era algo que la sociedad de esa época aceptara con facilidad. Más aún, se requería de un gran valor para cruzar el océano

La ceremonia de boda sin novio
新郎のいない結婚式

真結婚」でペルーやブラジルに渡った女性たちがいた。

とは言え、写真と手紙でしか知らない男性と結婚するため太平洋を越えるというのは、きわめて勇気のいることだった。しかし光子は、新天地を求めてメキシコへ渡ることを決めた。

「母が若くして亡くなってしまったので、あんな無鉄砲ができたのかもしれない」と、のちに光子は語っている。

1936年5月。れんげの咲く田んぼと残雪光る駒ヶ岳の美しさを胸に刻み付け、光子はふるさと信州を離れた。家を出る前に、苔むすカヤの大木にしがみついて、別れの言葉を告げた。「私はもう戻ることがないかもしれません。どうか私の家族を守ってください。」光子の大好きな祖母が、「この大きな木は代々続く立派な家の証拠だよ」と言って大切にしていた思い出の木である。

伊那から横浜の港までは、姉が光子に付き添った。いわゆる「写真結婚」だったので、このとき光子は既に戸籍上、春日勉の妻「春日光子」に変わっていた。

y casarse con un hombre al que sólo se conocía por fotografía. Pero Mitsuko, resuelta en busca de mejores oportunidades, decidió irse a México.

Años después, al reflexionar sobre su decisión, Mitsuko afirmaba: "Me fue posible tomar una decisión tan descabellada sólo porque perdí a mi madre a tan temprana edad".

Cuando Inao era joven y residía en la ciudad portuaria de Yokohama, tuvo la ilusión de emigrar más allá de los mares, a Hawaii. Sin embargo, como era el hijo mayor y, por lo tanto, el heredero de su familia en Nagano, tuvo que abandonar su sueño de emigrar. Puede ser que Inao viera realizado su sueño a través de su propia hija.

Cuando las flores de loto florecían en los campos de arroz y la nieve que cubría a la montaña de Komagatake se replegaba, en mayo de 1936, Mitsuko se despidió de su

Mitsuko vestida de novia con sus tres hermanas
花嫁衣装を着た光子と姉妹

見ず知らずの人のところへ嫁ぐわけだから、不安がないわけではない。しかし、「春日勉さんは、九人兄弟の中でも一番の親孝行者」という仲人の言葉を頼りに、「それならきっと、妻や子どもにもやさしくする人にちがいない」と信じた。いや、信じるしかなかったのである。

光子が荷物として持っていたのは、たった二回分の着替えと日の丸の旗。あとは、数十冊にのぼる日本語の本だけである。横浜に着いた光子は、山崎米、藤沢みすずという女性たちと合流した。彼女たちもまた、光子と同様「写真結婚」でメキシコに向かう仲間である。三人の花嫁は船に乗り込み、再び帰れるかどうかわからない日本に別れを告げた。

楽洋丸と名付けられたその船は、チリのパルパライソ航路の貨物船だった。船には中南米へ向かう日本人移民が、光子たちの他にも何人も乗りこんでいた。その移住先はメキシコの他、ペルー、ボリビア、パラグアイ、アルゼンチンなどさまざまだった。

tierra natal en Nagano. Antes de partir, Mitsuko fue debajo de un gran árbol de *kaya* que estaba cubierto con musgo. Lo abrazó diciéndole: "Quizá yo ya no regrese. Por favor cuida a mi familia". Éste era el mismo árbol del que la muy querida abuela de Mitsuko estaba muy orgullosa. Mitsuko recordaba como su abuela le dijo: "Este gran árbol es prueba que nuestra familia tiene una larga historia".

La hermana de Mitsuko la acompañó de Ina a Yokohama.

Como era un "matrimonio por fotografía", cuando Mitsuko salió de su casa, en sus documentos ella ya era la esposa de Tsutomu Kasuga. Su nombre ahora era "Mitsuko Kasuga". Rumbo a un esposo que no conocía, Mitsuko naturalmente tenía de qué preocuparse. Pero las palabras del casamentero la consolaban: "De los nueve hijos,

Rakuyoumaru
楽洋丸

船上で光子は、本を読んで時間を過ごした。船のコックが同じ信州の出身だったので、言葉を交わすうちに親しくなり、厨房で炊事を手伝うこともあった。移民たちは互いに身の上話をしながら、水平線のかなたにアメリカ大陸が見える日を待った。

楽洋丸が太平洋を越えアメリカのサンフランシスコ港に着いたのは、出港して三十日目のことである。その夜は大きな満月が、停泊中の船を照らしていた。移民として乗船していた光子たちは、それぞれ浴衣を着て甲板に上り、輪になって踊った。

　　　　泪すは誰が子ぞ異郷の月の冴え
　　　　　　　　　　　　　　　　　　　　　—あかね

その時の光子の俳句である。

Tsutomu Kasuga es el hijo que más se preocupaba y cuidaba de sus papás". Mitsuko quería creer firmemente y se decía a sí misma que un hijo que cuida del bienestar de sus padres, también sería un buen esposo y un buen padre. Sólo le quedaba creer en eso.

Su equipaje era mínimo: consistía de dos cambios de ropa, una bandera del Japón y una caja llena de libros.

Cuando llegó a Yokohama, Mitsuko se encontró con Yone Yamazaki (Doña Bertha) y con Misuzu Fujisawa (Conchita). Al igual que Mitsuko, ellas también eran "novias por fotografía" que iban rumbo a México. Las tres novias se subieron al barco y se despidieron de la patria a la que no sabían si podrían regresar.

El barco, llamado Rakuyoumaru, era de carga, y navegaba la ruta hasta Valparaíso en Chile. Aparte de sus dos compañeras, en el barco habían varios otros emigrantes japoneses que viajaban a Centro y Sudamérica. Además de México, Perú, Bolivia, Paraguay, y Argentina eran otros de los destinos de los emigrantes japoneses en el barco.

Mitsuko pasó su tiempo en el barco leyendo. También hizo amistad con un cocinero que era originario de Nagano y le ayudaba en los quehaceres de la cocina.

Los pasajeros migrantes compartían sus historias personales mientras esperaban a que en el horizonte apareciera el nuevo continente americano.

El Rakuyoumaru tardó 30 días en cruzar el océano Pacífico y llegó a hacer una parada en el puerto de San Francisco. Esa noche había luna llena. Mitsuko y los otros pasajeros migrantes se pusieron un kimono de algodón, formaron un círculo y se pusieron a bailar.

*Lejos de casa,*
*cuando la luna brilla,*
*¿Dónde mi llanto?*
—Akane

Éste es uno de los haikus que Mitsuko escribió esa noche.

Mitsuko a bordo de Rakuyoumaru
船上の光子（右）

# 3. RUMBO A MÉXICO

新天地メキシコ

SEGUNDA PARTE 第二部

El Rakuyoumaru partió de San Francisco y al llegar al puerto de Manzanillo apagó su máquina para pernoctar una noche. Aquí es donde Mitsuko tenía que desembarcar. Las tres "novias por fotografía" tuvieron que transbordar del gran barco a una pequeña lancha para llegar al puerto. Al estar en la lancha las asustaron diciendo: "Hay muchos tiburones en estas aguas". Remaron hacia la playa, no había puerto ó muelle y la oficina de migracion solo era un palapa. Cuando la lancha ya no podía avanzar más al tocar fondo, fueron cargadas en las espaldas de unos porteros para llegar a tierra firme. Era junio de 1936.

En aquel entonces Manzanillo era un pequeño puerto pesquero. Entre el sonido de las hojas de palmeras y los gritos de los pericos, se mezclaban los gritos de los comerciantes. Por allá, un hombre de piel muy oscura jala un burro, con su machete colgado en su cintura. Por acá, los brazos descubiertos y velludos de hombres con los ojos más grandes que Mitsuko hubiera visto en toda su vida. Mitsuko pensó que había llegado a otro mundo.

A las "novias por fotografía" las esperaba en el puerto un representante de los inmigrantes, un joven llamado Sadao Yamazaki (Don Esteban), que era el esposo de

1936年6月、サンフランシスコを出た楽洋丸は、目指すメキシコの港に着いた。光子が下船することになっているマンサニージョは当時、桟橋もない小さな漁師町だった。そのため、砂浜にたどりつくには楽洋丸から小舟に乗り移る必要があった。楽洋丸は沖合で一旦エンジンを止めた。光子たち三人の花嫁は揺れる小舟に乗り込み、「サメがうようよいるよ」と脅されながら岸を目指した。浅瀬に入ると、今度はむさくるしい男衆におんぶされ、ようやく陸にたどり着いたのであった。

そこには移民の入国手続きをするための掘建て小屋だけが、海に面してぽつんと建っていた。ヤシの葉擦れの音やオウムの甲高い叫びに交じって、物売りの男の大声が光子の耳に入ってきた。山刀をさげた浅黒い肌の男がロバを引く姿が目にとまった。行き交う大男たちの腕はみな毛むくじゃらで、その目玉は見たことがないほど大きく、ギョロリと光っている。

「私は別世界にやってきたのだ…」と、光子は実感した。

港には、「写真花嫁」を待つ日本人移民の代表として、山崎貞男という青年が

Yone, una de las mujeres que había viajado en el barco con Mitsuko. Con el tiempo, entre este matrimonio y el de Mitsuko se forjó una amistad de toda la vida.

Mitsuko y compañía durmieron una noche en Manzanillo en casa de un japonés y continuaron su viaje en tren al día siguiente. Su destino estaba a unos 600 km de distancia en dirección al interior del país, en San Luis Potosí. Al ver cómo los pasajeros hablaban con voz fuerte dentro del tren, Mitsuko se sentía abrumada.

El tren pasó por plantíos de palmeras y plátanos, y cuando hacía paradas en pequeñas estaciones, los vendedores ambulantes inmediatamente se les acercaban y les decían algo en voz fuerte. Al parecer les querían vender la comida que tenían en sus canastas. A Mitsuko le parecía que todos tenían una mirada amable. Cuando el tren empezaba a moverse lentamente, los vendedores les gritaban: "¡Adiós, adiós!" mientras agitaban sus brazos en el aire.

Un hombre que conocieron en el tren llamado Nagatani compró camarones hervidos y los compartió con el grupo de Mitsuko. Nagatani era un inmigrante que vivía en el sur de México, en Chiapas, y había ido hasta Manzanillo para ir a recoger a sus hijos que llegaban en barco. Los camarones que comió Mitsuko en esa ocasión fueron tan

---

出迎えに来ていた。山崎貞男は、光子と一緒に船に乗ってきた米の結婚相手であった。のちに、光子たち夫婦とこの山崎夫妻とは、生涯にわたる親友となる。

さて、光子たち一行はマンサニージョの日本人宿に一泊したのち、汽車に乗って移動を続けた。目的地は、およそ600キロメートル離れた内陸部にあるサンルイスポトシ州である。汽車の乗客たちが大声で何やら話している様子に、光子はただ圧倒されていた。

汽車がヤシ林やバナナ畑を抜けて小さな駅に停まると、物売りたちが光子に寄って来て、大きな声で何かを言った。どうやらかごに並べた食べ物を売り歩いているようだった。光子には次第に、メキシコで出会う人々のまなざしが、どれも人懐っこいように感じられてきた。汽車が再びゆっくり動き出すと、物売りたちは「アディオス、アディオス」と言って、光子たちに手を振った。

汽車の中で知り合った永谷という日本人の男が、駅で買った茹でエビを光子たちに分けてくれた。永谷はメキシコ南部のチアパスで生活している移民で、日本

deliciosos que, en toda su vida, nunca pudo olvidar su sabor.

El tren, finalmente, llegó a su destino final, al pequeño pueblo de Cerritos en el estado de San Luis Potosí. Cuando Mitsuko bajó del tren en la pequeña estación vió a quién sería su compañero de vida, Tsutomu Kasuga, quién la había ido a recibir. Fue allí que se vieron cara a cara por primera vez.

"Muchas gracias por haber venido a un lugar tan lejano", le dijo Tsutomu a Mitsuko con un poco de pena. El corazón de Mitsuko vibró.

Tsutomu tenía 26 años, Mitsuko 22.

El pueblo arenoso que se veía a la lejanía era el lugar en el que Mitsuko viviría de ahora en adelante. En el terreno seco se veían los magueyes y las cactáceas cubiertas de tierra. Hacia donde mirara no podía encontrar algo verde. Para Mitsuko, que había crecido rodeada de montañas de color verde intenso , éste era un paisaje muy extraño.

Al llegar al pueblo, Tsutomu guió a Mitsuko al lugar donde él trabajaba y vivía como empleado, "Abarrotes Iwadare". Ese sería el lugar en donde junto con Tsutomu ella también trabajaría de empleada.

Después de un viaje muy largo de más de un mes, Mitsuko había llegado al pueblo

---

から船でやって来る自分の子どもたちを出迎えにマンサニージョ港まで来ていたのだった。このときに永谷からもらったエビのおいしさは、光子にとって一生忘れられないほどだったという。

　汽車はいよいよ、最終目的地であるサンルイスポトシ州・セリートスに着いた。小さな駅に下り立つと、伴侶となる春日勉が光子を迎えに来ているのが見えた。二人はそこで初めて顔を合わせた。

　「遠いところへよく来てくれたね」

　とねぎらう勉の顔は、少し恥ずかしそうに見えた。光子の胸は熱くなった。

　このとき勉26歳、光子22歳であった。

　遠くに見える灰色の町が、光子がこれから暮らしてゆく場所だった。一面に広がる砂地の上に、乾ききった竜舌蘭（りゅうぜつらん）とサボテンが、土ぼこりをかぶって生えている。まわりを見渡しても緑のものは何も見当たらず、信州の青い山脈や田畑に囲まれて育った光子の目には、異様な光景に映った。

de Cerritos. Sin ninguna fiesta de bienvenida ó celebración de boda, al día siguiente de su llegada, Mitsuko empezó a trabajar en una abarrotería.

Tsutomu y Mitsuko Kasuga (a la derecha),
Sadao y Yone Yamazaki (a la izquierda)
春日勉（後列右）と光子（前列右）、
山崎貞男（後列左）と米（前列左）

町に着くと光子は、岩垂商会に案内された。勉が住み込みで見習いとして働いている店で、これから光子もここで一緒に下働きをすることになっていた。一が月を越える長旅の末にセリートスに到着した光子であったが、特に結婚式や歓迎会が開かれるわけでもなく、翌朝からはもう店頭に立つことが決まっていた。

## 4. UNA VIDA DIFÍCIL

セリートスでの慣れない暮らし

春日光子の生涯　LA VIDA DE MITSUKO KASUGA　153

En la abarrotería Iwadare se vendía todo menos productos perecederos, así que era una tienda grande de menudeo dentro del pueblo. El dueño de la tienda, Teikichi "Luis" Iwadare, también era originario de Nagano. Mitsuko sabía que aquí tendría que dar su primer paso firme en México y estaba resuelta a hacerlo bien.

Con el fin de que fuera más fácil entablar una relación con sus colaboradores, a Mitsuko le pusieron el nombre de "Esperanza". A Tsutomu le habían puesto un nombre muy popular en México, "Carlos".

A Mitsuko le enseñaron una sola frase: "¿Qué necesita?" para que le preguntara a todo el que entrara a la tienda. A Mitsuko no le quedaba otra opción más que repetir la frase, pero no entendía absolutamente nada de lo que le contestaban los clientes. Mitsuko sabía que si no aprendía español, simplemente no podría trabajar, así que luchó por aprender lo más que podía de oído. Poco a poco fue aprendiendo los

La abarrotería Iwadare
岩垂商会

岩垂商会はセリートスの町では大きな問屋で、生鮮食品以外ならたいていの生活雑貨を扱っていた。店を経営する岩垂貞吉は、勉や光子と同じ信州の出身であった。いよいよここがメキシコ生活のはじめの一歩になるのだと、光子は覚悟を決めた。

メキシコ人にもなじみやすいように、光子には「エスペランサ」というメキシコ式のミドルネームがつけられた。「希望」という意味である。夫の勉は、メキシコで最もポピュラーな名前の一つである「カルロス」を名乗っていた。

店に立った光子は、「ケ・ネセシータ？（何がご入り用ですか）」と言うよう指示された。仕方なくそのフレーズだけは繰り返すのだが、メキシコ人の客が返してくる言葉がさっぱりわからない。会話ができなければ仕事にならないので、光子は必死でスペイン語を聞き覚えた。そのうち少しずつ品物の名前、色の名前などを理解できるようにはなっていったが、まともに応対できるようになるまでには相当な努力が必要だった。

nombres de los productos y los colores. Aunque para poder atender con tranquilidad a los clientes en español tardó bastante.

En el pueblo de Cerritos, a las 10 de la noche se cortaba la luz y era necesario usar velas. El agua que se usaba para cocinar tenía larvas de mosquito y el agua para tomar se tenía que comprar. Obviamente, no había baños de agua caliente. Uno tenía que sacar agua de un pozo de más de 26 metros de profundidad. Se podía decir que uno tenía suerte si podía bañarse al aire libre una vez a la semana.

En su tierra natal de Ina siempre había agua fresca en abundancia y se podía utilizar la cantidad que uno quisiera. Lo duro de vivir en una tierra tan árida como Cerritos le causó a Mitsuko un verdadero choque. Ella nunca pudo olvidar cuando en el desayuno le preguntaron: "¿Va a usar el agua para lavarse la cara ó prefiere utilizarla para tomar café?"

Aunque la escasez de agua siempre le complicó la vida, la comida mexicana le encantó.

Tsutomu frente al camión de reparto
岩垂商会のトラックと勉（左）

---

セリートスの町では、日本での生活とは勝手が違い、あまりの不便さに困惑することが多かった。午後十時になると電気が使えなくなり、ろうそくを灯して夜を過ごさなければならないし、料理をする水にはボウフラがわいていて、飲み水はお金を出して買わねばならない。ふるさと・伊那では、きれいな水がいつでも好きなだけ使えただけに、光子にはショックが大きかった。乾燥地帯の生活の厳しさはそれだけにとどまらない。入浴はドラム缶のような風呂おけで、深さ26メートルの井戸から水をくみ出して、週に一度でも体を洗えればまだましなほうだった。朝食の時間に、「水で顔を洗いますか、それともかわりにその水でコーヒーをいれましょうか」と尋ねられた時の、光子の驚きといったらなかった。

しかし、そんな慣れない生活の中でも、メキシコ料理が口に合ったのは幸いだった。メキシコに着いたその日から、トルティーヤもフリホーレス（煮豆）もウチワサボテンも、光子にはみんなおいしいと感じられた。「とにかく、この地で頑張っている夫を助けていかなくては…」という一心で、セリートスの生活に溶けこも

Desde el día en que llegó a México le parecieron deliciosas las tortillas, los frijoles, los nopalitos, y muchas cosas más. A fin de cuentas, Mitsuko estaba decidida a apoyar a Tsutomu, quien diario le echaba tantas ganas en esta tierra. Ella hizo todo su esfuerzo para acoplarse a la vida en Cerritos.

Al año de emigrar a México, Mitsuko tuvo a su primer hijo. Acostada en la oscura bodega de la tienda, dió a luz con la ayuda de la partera del pueblo. Después de un parto difícil, su primogénito dió su primer grito.

El matrimonio lo bautizó como Carlos Tsuyoshi. Le pusieron "Carlos", para continuar con el nombre mexicano de su padre y "Tsuyoshi", que significa "tenaz" en japonés, con el deseo de que fuera un niño de voluntad inquebrantable. Como Mitsuko había crecido solo entre hermanas, el nacimiento de un varón fue un verdadero gusto.

Enfrente de su casa alquilada
間借りしていた家の前で

うとする光子だった。

　メキシコに移住した翌年、光子は一人目の子どもを出産している。店の薄暗い倉庫に体を横たえ、村の産婆に助けられながらのお産だった。長い難産の末、男の子が産声をあげた。夫婦はこの子を「カルロス剛（つよし）」と名付けた。「カルロス」は勉のメキシコ名をそのまま受け継ぐ名前で、「剛」の字には「意志の強い、剛毅な子に育つように」という願いがこめられている。女きょうだいの中で育った光子にとって、男の子の誕生はことさらうれしく心強いことであった。

Teikichi "Luis" Iwadare y su familia
岩垂商会を経営していた岩垂貞吉と家族

Nacimiento del primer hijo
光子と勉に長男が誕生

Tsutomu y su primer hijo
長男を抱く勉

# 5. LA NUEVA TIENDA

*Tanka 045*

戦争前夜の店開き

Aprovechando el nacimiento de su primer hijo, Tsutomu y Mitsuko decidieron independizarse y comenzar su propio negocio. Durante los ocho años que Tsutomu trabajó en los Abarrotes Iwadare, había aprendido lo necesario para poner su propia tienda.

Como no era apropiado abrir una tienda similar a la de Abarrotes Iwadare en el mismo pueblito, decidieron mudarse al pueblo de Cárdenas, también dentro del estado de San Luis Potosí. De Cerritos a Cárdenas había una distancia de unos 100 km. Al dirigirse a un pueblo que ni siquiera había visto, cargando al pequeño Carlos Tsuyoshi de tan sólo 8 meses, Mitsuko sujetó a su hijo fuertemente.

En esa época, Cárdenas, se estaba convirtiendo en un cruce en donde se concentraba y distribuían muchos productos agrícolas. Allí vivía mucha gente relacionada a los ferrocarriles y la ciudad tenía dinamismo. Además de muchos chinos y árabes que fueron a vivir allí, habían cuatro inmigrantes japoneses y cada uno se dedicaba a su propio negocio.

En 1938, Tsutomu y Mitsuko abrieron una abarrotería

Tsutomu en la ventana de su primera casa
窓辺に立つ勉

---

勉と光子が独立して自分たちの店を構えることを決意したのは、第二次世界大戦が始まる前年の1938年のことである。1937年には日本軍が中国大陸に攻め入り、1939年にはドイツ軍がポーランドに侵攻するという、激動の時代でのスタートであった。

勉はこれまで岩垂商会で働いた8年間で、起業するのに十分な知識と技能を身につけていた。子どもが生まれたのを機に独立することにしたのだが、世話になってきた岩垂商会と同じような商売をセリートスの町の中で始めるわけにはいかない。そこで二人はサンルイスポトシ州内にある、カルデナスという別の町に引っ越すことにした。

カルデナスはセリートスから100キロメートルほどの距離にあり、農産物の集散地として発展していた。大きな駅があったため鉄道関係者も多く住み、町には活気があった。移民としては、多くの中国人やアラブ人がこの町で暮らしていたが、日本人も四人いてそれぞれに商売を手がけていた。その見知らぬ町に向か

春日光子の生涯　LA VIDA DE MITSUKO KASUGA

frente a la estación de trenes. Era una de esas tiendas que hay en cualquier pueblito donde venden de todo. A este par de inmigrantes que abrían su tienda por primera vez, los mayoristas les otorgaron facilidades, ofreciéndoles términos favorables. La reputación de que los inmigrantes japoneses eran honestos les era de mucha ayuda. Simplemente por el hecho de ser japonés, habían proveedores que les brindaban confianza, al punto que podían llenar sus anaqueles de productos. La tienda fue bien recibida por la gente del pueblo y poco a poco fueron incrementando los ingresos.

Para esta época, el español de Mitsuko había mejorado mucho. Quizás esto también era porque a Mitsuko le gustaba conversar con las personas en el mercado, y así fue adquiriendo expresiones para una conversación casual. De todas maneras, Mitsuko no bajó la intensidad a su aprendizaje; no sólo quería hablar, sino poder leer y escribir. Mitsuko se esforzó mucho por comprender el periódico y libros.

Una vez que se habían mudado a Cárdenas, Mitsuko tuvo a su segundo hijo, y a su primera hija dos años después. Los llamaron Luis Takeshi y Hermelinda

Mitsuko
光子

う光子の胸には、生後8か月の長男・カルロス剛がしっかりと抱かれていた。

こうして、勉と光子はカルデナスの駅前で小さな食料雑貨店を始めた。

二人の店では、食材から金物まで生活必需品を何でもそろえていた。初めて自分の店を構えたこの日本人移民に、問屋たちは何かと便宜をはかってくれた。「日本人は正直で働き者だ」という評判を築いた、先輩移民たちのお陰である。日本人であるというだけで信用してくれる農家の人々もいて、勉たちの商売はすぐに、貨車で大量の穀類を買い付けるまでに大きくなった。夫婦の誠実な人柄もあって店はカルデナスの町の人々から歓迎され、着実に収入をあげていったのである。

光子のスペイン語も、この頃にはずいぶん上達していた。市場などで人と言葉を交わすのが好きだったこともあり、自然な会話ができるようになっていたのである。それでも光子は、学び続ける努力を怠らなかった。会話をするだけでなく、きちんと読み書きもできなければいけない。そう考えていた光子は、スペイン語の新聞や本を手に入れては、必死にその内容を理解しようと頑張った。

## 160　SEGUNDA PARTE　第二部

Michiko.

Con el fin de crecer el negocio, Tsutomu compró un terreno en el centro del pueblo y empezó a construir un edificio grande que sería casa, tienda y almacén. Mitsuko tenía la esperanza de hacer de Cárdenas su tierra adoptiva.

Fue poco tiempo después que las mareas de la historia chocaron con los planes de esta familia.

En diciembre de 1941 Japón atacó a Pearl Harbor y entró en guerra con los Estados Unidos. Mitsuko escuchó la noticia en la radio mientras le estaba dando pecho a su bebé. Se paró inmediatamente y salió a informarle a su esposo que estaba en la tienda. Mitsuko estaba verdaderamente preocupada. ¿Cómo reaccionaría México al ataque de Japón contra Estados Unidos? ¿Habría discriminación ó represalias contra los japoneses? Pensamientos aterradores no paraban de azotar su mente.

Al llegar la mañana, Mitsuko y su esposo abrieron las puertas de su tienda titubeando. Fue toda una sorpresa cuando entró el primer cliente y abrazó a Tsutomu.

Con su segundo hijo
次男が誕生

---

カルデナスに引っ越してから間もなく、勉と光子は二人目の子を授かった。次男・ルイス毅(たけし)である。そして、その2年後には長女・エルメリンダ美智子が生まれる。

勉は、事業を拡大するために、町の中心部に新たに土地を買って商店を建設し始めた。それは、店に加えて住宅と倉庫も兼ねそなえた大きな建物だった。勉も光子も「カルデナスを第二のふるさととして生きてゆこう」と希望に燃えていた。

そんな一家に、時代の波が容赦なく押し寄せる。

1941年12月、日本がアメリカ合衆国の真珠湾を攻撃。そのニュースがラジオから流れたのは、光子が子どもにお乳をやっていたときだった。思わず立ち上がった光子は、店に出ていた勉に急いで知らせた。二人は不安でいっぱいになった。日本がアメリカを攻撃したというニュースのせいで、メキシコ人の日本人を見る目が変わらないだろうか。日本人排斥が起きなければよいが…。悪い考えが次々と頭をよぎる。

Mitsuko estuvo muy agradecida a los generosos mexicanos que le decían alegremente: "¡Señora, vamos ganando!"

Mitsuko recordaría que a pesar de la guerra, ni una sola vez tuvo que sufrir alguna humillación ó descortesía de parte de algún mexicano.

El pueblo mexicano no tenía ningún sentimiento negativo hacia los países del Eje (Japón, Alemania, e Italia). Al contrario, históricamente, prevalecía un sentimiento anti-yanki por haber perdido ante Estados Unidos la mitad del territorio nacional. Por eso, hasta habían personas que apoyaban a Japón y a Alemania diciendo, "¡Qué bien que le pudieron dar su merecido a Estados Unidos!"

He aquí un episodio que muestra este sentimiento anti-yanki de la gente de

La casa recién construida
建設の終わった家

　ニュースが町中にまわった翌朝、光子たちが恐る恐る店を開けると、一人の客が飛び込んできた。驚いたことに、客は真っ先に勉に駆け寄り抱きしめたのだ。そして、明るい声で光子に言った。
「セニョーラ、僕たちはアメリカに勝っていますよ！」
　敵としてではなくむしろ仲間として、変わらぬ親しさで声をかけてくれたのである。こうしたメキシコの人々の情を、光子は心からありがたいと思った。戦争を理由にメキシコ人から嫌な思いをさせられたことは、その後も一度もなかったという。
　それは当時、メキシコの一般庶民の間では、日独伊の枢軸国に対して悪い感情を抱く人があまりいなかったことが関係している。メキシコは19世紀にアメリカと戦争をして敗北し、テキサスやカリフォルニアなど国土の半分を喪失した。そういった歴史的経緯などのせいで根強い反米感情があり、「よくぞアメリカをやっつけてくれた」と、日本やドイツを応援するメキシコ人も珍しくなかったと

Cárdenas: un día a finales de la guerra, un submarino que entró clandestinamente al Golfo de México fue capturado por el ejército americano. Los tripulantes alemanes fueron escoltados en tren desde el puerto de Tampico, en el Golfo, hasta la Ciudad de México. Cárdenas, el pueblo en el que vivía la familia de Mitsuko, era un punto intermedio del viaje, y el tren paró ahí para unas inspecciones, y para subir y bajar equipaje. Al enterarse de esto, la gente de Cárdenas se aglomeró cerca del tren y gritó al unísono, "¡Viva Alemania!" Cuentan que la gente mexicana se acercaba al tren y les regalaban frutas y artesanías a los prisioneros alemanes. El sentimiento anti-yanki permitía a los imigrantes japoneses vivir en México sin ser tratados como enemigos.

Con el apoyo de la gente local, la tienda de Tsutomu y Mitsuko prosperaba cada día más. Cuando, debido a la guerra, la planta electrotérmica dejó de suministrar electricidad al pueblo de Cárdenas, en vez de pensar en irse de la ciudad, ellos más bien podían comprar un generador de luz, y así lo hicieron para continuar operando su tienda.

いう。
カルデナスの人々の反米感情を示す、一つの話がある。戦時下のある日、メキシコ湾に潜入したドイツ潜水艦が米軍に捉えられ、乗組員たちが汽車でタンピコ港からメキシコシティに護送された。光子たちの住んでいたカルデナスはその中継点であったため、積み荷の上げ下ろしと点検のために汽車が停車した。すると、そのことを知ったカルデナスの住民が集まり、町の中心部で「ドイツ万歳！」を斉唱する声が響いたという。駅ではメキシコ人が、ドイツ人捕虜たちにさまざまな果物や民芸品を差し出す光景さえ見られた。このように心情的にアメリカに反感を抱き、枢軸国側の肩を持つ人が多かったために、光子たち日本人移民も敵視されずに済んだのだと考えられる。

勉と光子の商店は、町の人々に支えられてますます繁盛していった。火力発電所の供給不足のため町に電気がこなくなったときでさえも、光子たちはカルデナスを去ろうとは思わず、発電機を買って商売を続けたのである。

# 6. DURANTE LA GUERRA

**強制移住**

En mayo de 1942, medio año después del ataque a Pearl Harbor, México proclamó su enemistad contra Japón. Como consecuencia, los inmigrantes japoneses, como Mitsuko, que vivían en el país, fueron considerados "extranjeros de país enemigo".

A todos aquellos inmigrantes japoneses que vivían en diferentes partes de la República se les ordenó mudarse a la Ciudad de México y a Guadalajara. Esta noticia fue muy dolorosa para Tsutomu y Mitsuko. La familia de Mitsuko tuvo que mudarse a la Ciudad de México. Justo cuando acababan de terminar la construcción de una tienda más y estaban con todo el ímpetu de abrirla.

Tsutomu y Mitsuko vendían alimentos a crédito a algunos clientes, así que cuando estos se enteraron de que tenían que dejar Cárdenas, trataron de saldar todas sus cuentas cuanto antes. Hubieron quienes vendieron sus animales domésticos, sus vacas y cerdos, para hacerse de efectivo y pagarles antes de su partida.

Mitsuko y su esposo, junto con sus dos hijos de

Despedida
別れの記念写真

事業拡大のために建設した商店と家が完成した矢先、勉と光子の前に災難が舞い込む。戦時下の措置として、メキシコの地方に暮らす日本人はすべて、首都メキシコシティまたはグアダラハラに72時間以内に移住するようにという命令が出されたのである。多くのメキシコ人の好意にも支えられ「さあ、これからだ」というときに、店をたたんでカルデナスを去るのはとてもつらいことだった。

勉と光子は掛売り（代金あと払いの約束で品物を売るやり方）で食料品などの仲卸もしていたが、二人がカルデナスを去ると聞いて、多くの客が残りの代金を急いで渡そうとしてくれた。その誠実さに、光子は感激した。中には、手持ちの現金がないからと家畜の牛や豚を売ってお金を作り、支払いに駆けつけた人もいたという。

そして、光子たち夫婦がサンルイスポトシ州・カルデナスを後にする日がやってきた。6歳、4歳、2歳の三人の子どもを連れて、光子は駅で汽車を待った。発車時刻が夜中だったにもかかわらず、駅には町長、郵便局長、学校長、商売仲

6 y 4 años, y su hija de 2 años, partieron de Cárdenas, San Luís Potosí. El tren que llevaría a toda la familia partía después de la medianoche. A pesar de la hora, varias personas llegaron a la estación de trenes para despedirse de toda la familia. Entre ellos el Presidente Municipal, el director de la escuela, el director de correos y varios compañeros comerciantes. Incluso hubo gente que les preparó huevos cocidos, gorditas y dulces para que comieran en el trayecto.

"¡Cuídense mucho!", "Seguramente volverán", fueron algunas de las palabras de las personas que los fueron a despedir. A Mitsuko no le gustaba que la vieran llorar, pero en esta ocasión el sentimiento de agradecimiento la sobrecogió y no pudo contenerse. Las lágrimas rodaron por sus mejillas.

A diferencia de los *nikkei*s americanos, que fueron forzados a vivir en campos de concentración, los *nikkei*s mexicanos reunidos en la Ciudad de México estaban autorizados a llevar una vida normal en la capital del país.

Pero aún así, la vida de la familia de Mitsuko pasó por momentos sumamente difíciles. Sin un trabajo fijo, sin saber si irse a la derecha ó hacia la izquierda, llegaron a una gran metrópolis. El estado de ánimo ante la guerra cambiaba cada día, y no se podía

---

間など大勢の人々が詰めかけ、光子たち一家を激励した。車内で食べるようにと、手作りの軽食やお菓子を持たせてくれる人もいた。

「元気でな」「きっと帰ってくるんだよ」

見送りの人々が口々に声をかける。

普段決して涙を見せることのなかった光子であったが、このときばかりは、熱いものが頬を伝い落ちるのを止められなかった。

メキシコシティに集められた日本人は、強制収容所に隔離されたアメリカの日本人や日系人とは違い、町の中で生活をすることが許されていた。とはいえ、光子たちの暮らしは困難を極めた。仕事のあてもないまま、見知らぬ大都会に投げ出されたのである。さらに、戦争の情勢が毎日のように変わるため、将来の見通しを立てることもできなかった。そのような状況下で、幼い三人の子どもたちを抱えながら生活してゆくのは大変なことだった。

勉はサンルイスポトシからの友人・山崎貞男とともに、オレンジやトマトの仲

pronosticar nada. Empezar una nueva vida en una nueva ciudad bajo estas condiciones y con tres pequeños hijos, no fue nada fácil.

En la Ciudad de México, Tsutomu y Sadao Yamazaki, iniciaron el negocio de mayoristas de naranjas y jitomates. Los productos que Tsutomu le enviaba desde Morelos a Sadao, a veces Mitsuko los revendía sentada en el suelo del mercado de abastos más grande de la Ciudad de México, la Merced, para solventar los gastos diarios de la familia. A la Merced llegaban indígenas de los alrededores para vender una gran variedad de productos agrícolas que exhibían en el piso. Aún así, con toda la familia trabajando muy duro, los precios, afectados por la inflación, subieron tanto, que a veces les era difícil alimentar a las cinco personas de la familia.

Un año después de haberse mudado a la Ciudad de México, Mitsuko perdió un embarazo.

Fueron días de mucho sacrificio, pero no era sólo la familia de Mitsuko quienes padecían estas circunstancias. Otros inmigrantes japoneses también se transladaron a la misma zona de la Ciudad de México, creando una red de apoyo que les ayudó a sobrellevar sus circumstancias.

---

卸の仕事を始めた。光子は育児と家事に追われていた。勉がやっとの思いで現金を稼いでも、インフレで物価の上昇がひどいため、家族五人分の十分な食べ物を手に入れられないこともあった。光子はメキシコシティに引っ越した翌年、流産を経験している。

このような厳しい生活をしていたのは、勉と光子の一家だけではなかった。似たような境遇の日本人移民が、メキシコシティ内のいくつかの地域にまとまって居をかまえ、互いに助け合いながら暮らしていた。週末には集まって、戦況情報を交換していたという。

敵国同士となった日本とメキシコとの通信は、極度に制限されるようになっていた。光子がふるさとの家族と手紙をやりとりしたくても、届くかどうかわからず不安が募るばかり。また、やっと日本から届いた手紙にも、開封して検閲された跡が残っていて、何とも言えぬ不快な気持ちにさせられた。メキシコシティに引っ越した直後、一家はラジオもない最低限の暮らしをしていたので、日本の情

Durante la guerra, la comunicación entre países enemigos, como lo eran Japón y México fue restringida drásticamente. Cartas a familiares en su país natal no llegaban a sus manos, ó si llegaban, era notoria la apertura del sobre y la inspección de los contenidos. Al mudarse a la Ciudad de México, la familia de Mitsuko llevaba una vida muy pobre, y como no tenían un radio, no se podían enterar de lo que sucedía en Japón. Mitsuko no soportaba la angustia de no saber cómo se encontraban su padre y sus hermanas en el lejano pueblo de Ina.

Eventualmente, Tsutomu se hizo de un radio. Tomando varias precauciones, empezó a tratar de interceptar ondas del cuartel general imperial japonés. Para esos entonces Tsutomu y Mitsuko ya dominaban el español, así que se dieron cuenta que había una discrepancia enorme entre lo que escuchaban a escondidas en las noticias de Japón y las noticias que transmitían diariamente los Estados Unidos. No tardaron en darse cuenta que Japón estaba en trayectoria a la derrota absoluta. Temiendo que otros japoneses los tratarían como traidores a su patria, les era casi imposible hacerles ver la verdadera situación del Japón.

---

勢が皆目わからない。メキシコの日系移民コミュニティーでは、「神国日本」の華々しい戦果を信じて疑わない人が大勢を占めていたが、確固とした証拠があるわけではなかった。日々混乱が深まる状況の中で、遠く信州・伊那に暮らす父や姉妹のことが心配でたまらない光子であった。

ある日、勉が小さなラジオを手に入れてきた。勉と光子は毎晩こっそりと日本の大本営発表を受信し始めた。スペイン語のニュースを聞き取ることのできた二人は、密かに聞く日本の大本営発表と、アメリカ側を主な情報源とするスペイン語ニュースの間に極端な違いがあることに気がついた。日本が総崩れの状況になっているであろうことを把握した勉と光子であったが、その実情を他の日本人移民に流布すれば国賊として糾弾される恐れがあるため、ごく限られた人に知らせるにとどめたのであった。

168　SEGUNDA PARTE　第二部

La Ciudad de México (1940-1950)
1940–50年頃のメキシコシティ

# 7. EL REINICIO

## 戦後の新規まき直し

Cuando terminó la guerra en agosto de 1945, Mitsuko tenía 31 años. Pensando en la educación de sus hijos y la amplia oferta de buenos colegios Mitsuko y Tsutomu decidieron quedarse en la Ciudad de México. Tsutomu fue a Cárdenas a vender la tienda y la casa que habían dejado.

Después de la guerra, Mitsuko y Tsutomu obtuvieron la nacionalidad mexicana. Como adquirir la nacionalidad mexicana significaba renunciar a la nacionalidad japonesa, esta decisión reflejaba su resolución de echar raíces y vivir en la Ciudad de México. Naturalizarse mexicanos también trajo beneficios, tales como poder adquirir bienes inmuebles ó constituir sociedades mercantiles. También les dio gusto haber adquirido el derecho a votar.

Para integrarse mejor a la sociedad mexicana, que en su mayoría es Católica, Mitsuko decidió bautizarse. Esto lo hizo también en parte por consideración a sus hijos, para que ellos no tuvieran una desventaja en su nueva comunidad.

Al terminal la guerra, Tsutomu y Sadao Yamazaki deciden dejar la venta en mayoreo de tomates y abren una dulcería llamada Dulcería San Juan. Era una tienda de artículos diversos que no solo vendia dulces, pero también vendía frutas, carnes finas, regalos, y

---

1945年8月の終戦を迎えたとき、光子は31歳になっていた。この年、勉と光子は子育てから事業に至るまで、新規まき直しの挑戦を始める。

二人はまず、子どもたちの教育のことを考え、良い学校が数多くあるメキシコシティでこのまま暮らし続けることを決断した。サンルイスポトシ州・カルデナスに残してきた思い出の商店と家は、勉が現地に行って売却した。

光子と勉がメキシコ国籍を取得したのもこの時期であった。それは、メキシコに根を張り生きていこうという二人の決意の表れであったが、同時に、日本国籍を手放すということも意味していた。しかし、メキシコ人になれば、不動産の購入やビジネスの立ち上げがしやすくなるというメリットがある。メキシコの国民として選挙権が得られるのも、光子にはうれしかった。

さらに、光子はキリスト教の洗礼も受けている。これは、国民の大多数がカトリック教徒であるメキシコの社会に溶け込むための努力であるとともに、自分の子どもたちが社会で不利益を受けないようにとの配慮でもあった。

artículos de la vida diaria.

El Sr. Yamazaki tenía tres hijos. La familia Kasuga y la familia Yamazaki vivían a tan solo dos cuadras de distancia, y se apoyaban mutuamente en la vida diaria. Juntos, también, compraron su primer automóvil, lo que les ayudó en el negocio y en la cotidianidad.

La esposa de Sadao Yamazaki, Yone Berta Yamazaki, y Mitsuko habían llegado a México en el mismo barco. Mitsuko y Yone (Doña Berta) se apoyaban la una en la otra en los quehaceres de sus respectivas casas y la crianza de sus hijos. Por ejemplo, se turnaban la elaboración del *bento* (itacate de comida japonesa) para que sus respectivos esposos comieran en la tienda. Una semana le tocaba preparar dos *bento*s a una familia, y a la semana siguiente a la otra. Incluso, para la compra de la enciclopedia *El Tesoro de la Juventud*, que era de 20 tomos, ahorraron juntas para dividirla amistosamente, 10 tomos por familia. Los niños disfrutaban mucho los libros y intercambiaban tomos con frecuencia.

A finales de 1945 Mitsuko dio a luz en el Hospital

Mitsuko y Yone
光子（右）と米

戦争が終わったことによって長期的な見通しを立てられるようになったので、春日勉と山崎貞男はオレンジやトマトの仲卸をやめ、共同で菓子屋（Dulcería San Juan）を始めた。菓子や果物などの食品の他、贈答品や生活雑貨なども扱う小売店である。

春日家のアパートと山崎家のアパートは２ブロックしか離れていなかったので、両家はいつも助け合いながら生活をしていた。それは、山崎貞男の妻・米と光子が、同じ船でメキシコに渡ってきた仲間だったからこそできたことで、例えば勉と貞男が店で食べるための弁当作りは、光子と米が週ごとに分担を決め、二人分をまとめて作るようにしていた。

自動車は両家共同で購入し、交代で乗っては商売や生活に利用していた。また、山崎家にも子どもが三人いたので、両家の子どもたちのためにお金を出し合って、スペイン語の百科事典『若人の宝』を買い、20冊セットのものを10冊ずつ両家で分けた。子どもたちはときどき本を交換しながら、夢中で読みふけった。

Chapultepec a su segunda hija, Marta Yukiko. Este era el cuarto parto de Mitsuko, pero la primera vez que daba a luz en un hospital.

Para alegrar a Mitsuko, quien había quedado debilitada por un parto difícil, Tsutomu le llevó al hospital un jugo *Welch's*. Un jugo americano era un lujo especial dentro de las difíciles finanzas del hogar. Mitsuko, sentada en la cama, llenó su boca de este jugo e hizo una cara de enorme satisfacción.

Mitsuko recordaba: "Mis vacaciones eran los partos, ya que era cuando podía dormir y estar en cama un poco más tranquila que de costumbre".

La clientela empezó a llegar a la dulcería que habían empezado Tsutomu y Sadao. Empezo a crecer y en 1947, a año y medio de haber abierto la tienda, Tsutomu decidió abrir una segunda dulcería. Esto fue porque conforme crecían las familias, cada vez era más difícil alimentar a dos familias con los ingresos de una sola tienda. Después de la división de su negocio, Tsutomu y Sadao continuaron siendo mejores amigos.

Tsutomu y Mitsuko
勉と光子

---

時代が大きく動いた終戦の年が暮れようとする頃、チャプルテペック病院で次女・マルタ悠紀子が生まれた。光子にとって四人目の子どもであったが、設備の整った病院で出産したのはこれが初めてある。

難産で弱っている光子を見舞うために、勉がウェルチのぶどうジュースを持ってきた。苦しい家計の中からお金を出して買った、米国ブランドの特別な飲み物である。光子はベッドの上でジュースを口に含み、満足そうな顔をした。

「お産の間が私の休暇だった。ベッドの上に寝転んで、ゆっくりできるんだからね」と、のちに光子は振り返っている。

春日勉と山崎貞男が始めた菓子屋には、順調に客がついた。

店のオープンから1年余りが経った1947年、勉はこの店の経営を山崎貞男に任せて、自分は別の菓子屋を開くことにした。子どもが増えるにつれて、一つの店舗の収入で二家族を養うことが難しくなってきたからだ。勉と貞男は仕事の面では分かれることになったが、その後も生涯にわたって大親友であり続ける。

El 28 de enero de 2014, en la Ciudad de México, Sadao, ya mejor conocido como Don Esteban, cumplió 103 años de vida. La familia Yamazaki y la familia Kasuga mantienen una estrecha relación.

La nueva tienda que comenzó Tsutomu, Dulcería Uruguay, también se encaminó al poco tiempo. Tsutomu tenía un gran olfato comercial y, aparte, era extremadamente trabajador. La tienda estaba localizada frente a una parada de autobuses que llevaba a la gente del barrio a sus trabajos. La gran prosperidad de la tienda de Tsutomu se debió en parte a la excelente ubicación en la que había un intenso tráfico peatonal.

Tsutomu atendía su tienda desde las 10 de la mañana hasta las 10 de la noche, sin descanso. Aparte de los días de asueto estipulados por ley (el 1ero de enero y el día de la Independencia), Tsutomu trabajó todos los días, incluyendo fines de seamana. Este ritmo no le permitía regresar a casa para ver a sus hijos despiertos, pero al cierre de la tienda, sin falta, siempre envolvía

La nueva tienda de Tsutomu
勉が開いた菓子屋

---

勉が新たに始めた店（Dulcería Uruguay）も、ほどなくして軌道に乗った。この菓子屋の前には、近郊から通勤する人たちが乗り降りするバス停があって、店には客足が絶えなかった。勉は筋金入りの働き者であったが、それに加えて商売のセンスもあったようである。

朝の10時から閉店の10時まで、勉はずっと自分の店に立ち続けた。法で定められた休日（元日とメキシコ独立記念日の二日間）以外は土日も休まず店を開け、子どもたちが起きているうちに帰宅できることはまずなかった。しかし、閉店後は必ず子どもの人数分だけお菓子の包みを作って家に持ち帰る、子煩悩な父親でもあった。子どもたちは、朝起きてその包みを開けるのを楽しみにしていた。子どもたちの笑顔を見ることが、勉の何よりの生き甲斐だった。

菓子屋の経営のかたわら、勉はアンズの加工品を作る仕事も始めた。事業立ち上げのヒントになったのは、光子の愚痴である。一家は4階建てのアパートに住んでいたが、光子が梅干しを作るため塩漬けした梅を屋上に干しておくと、同じ

un dulce para cada uno de sus hijos. Era un padre muy cariñoso. Todas las mañanas, sus hijos abrían sus dulces con mucha emoción. Para Tsutomu, el ver la sonrisa de sus hijos era su razón de ser.

A la par con la dulcería, Tsutomu comenzó un negocio de chabacanos secos salados. Esta idea surgió de los *umeboshi* japoneses (ahora conocidos en México como "chamoy") que hacía Mitsuko. Un día Mitsuko se quejaba de que cuando ponía a secar al sol los chamoys en la azotea del condominio de cuatro pisos en el que vivían, los niños mexicanos del mismo edificio venían sigilosamente a comérselos. Cuando Tsutomu escuchó estas quejas de su esposa, pensó: "¡Esto sería buen negocio en México!" Tsutomu siempre le encontraba el lado bueno a las cosas y era muy positivo.

El negocio de chamoy que inició Tsutomu tuvo gran éxito, tanto así que posteriormente, otras empresas comenzaron con la producción y comercialización de productos similares. Hoy en día, cualquier mexicano reconoce el sabor del chamoy y este se ha convertido en un sabor clásico en los dulces en México.

---

アパートに住むメキシコ人の子どもたちがこっそり食べてしまうという出来事が何度か続いた。光子は嘆いたが、それを聞いた勉は、「これはメキシコで商売になるぞ」と思いついたのだ。何事にも楽観的で、前向きな勉ならではの目のつけどころであったと言える。

梅干しにヒントを得て開発した勉の干しアンズは、その後メキシコでヒット商品となった。かつてセリートスで勉を育てた岩垂貞吉も、同時期に干しアンズの商品を独自に開発。液体や粉にした岩垂貞吉の商品は売れに売れ、メキシコの他の食品メーカーがこぞって同じようなものの製造・販売を始めたほどだった。この干しアンズは中国の干し梅から名前をとって「チャモイ」と呼ばれ、今ではメキシコ人なら誰もが知る定番の味となっている。

Tsutomu enfrente del refrigerador. Él siempre se esforzaba por comercializar productos nuevos como uvas y duraznos de California, quesos, jamones y bebidas.
冷蔵庫の前に立つ勉。新しい物を取り入れることに積極的だった勉は、アメリカのカリフォルニアからぶどうや桃を輸入していたほか、ハム、チーズ、飲料などの販売も手がけていた。

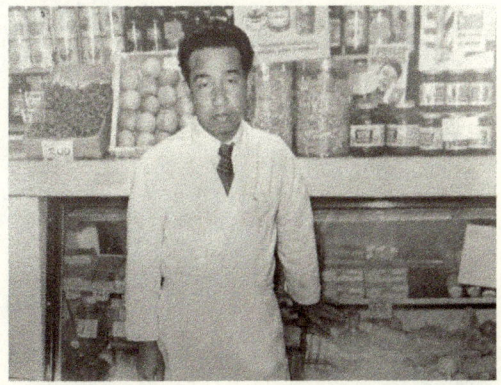

SEGUNDA PARTE 第二部

## 8. LA CRIANZA DE SEIS HIJOS

*Tanka 003–006, 014, 046, 047, 054*

六人の子育て

春日光子の生涯　LA VIDA DE MITSUKO KASUGA　177

A la familia de Tsutomu y Mitsuko, se les sumaron dos hijas más, Esperanza Mazako y María Teresa Miwako. En total, tuvieron seis hijos. En una casa que sólo tenía dos habitaciones, la familia de ocho vivía algo apretada.

Los días de Mitsuko estaban al límite de la saturación puesto que llevaba un hogar, criaba a los hijos y apoyaba el negocio familiar. Los seis hijos tenían un apetito enorme, por lo que Mitsuko hacía un delicioso caldo que preparaba en un olla muy grande, metiendo muchas verduras y carne, y que estaba siempre listo para comerse en cualquier momento. Mitsuko bautizó a este platillo con el nombre de "caldo de crianza", y con mucho orgullo decía que sus hijos crecieron fuertes gracias a ese caldo.

Cuando nació la más pequeña de las hijas, María Teresa Miwako, el hijo mayor, Carlos Tsuyoshi, tenía 11 años. Los seis hijos fueron creciendo con peleas ocasionales, pero sobre todo, apoyándose mucho mutuamente. Por ejemplo, cuando se tuvo que llevar a la segunda hija, Marta Yukiko, al doctor para que la inyectaran cada segundo día, los hermanos se turnaban para llevarla. Cuando ambos padres y los hermanos mayores salían a trabajar, la que se quedaba a cargo del cuidado de la casa y cuidaba de las 3 hermanas menores, dándoles de comer y acostándolas en la cama, era la hermana

---

1947年から48年にかけて、光子はさらに二人の女の子（エスペランサ真佐子、マリアテレサ美和子）に恵まれた。子どもは合わせて六人になった。寝室が二つしかないアパートの中に、家族八人がひしめき合っていた。

光子の毎日は、勉の仕事を助けながらの家事と育児で多忙を極めた。そこで光子は、食欲旺盛な六人の子どもたちのために、自ら名付けた「子育て鍋」なる料理を考えた。子どもたちにいつでもすぐに食べさせるように、牛肉や野菜などを大きな鍋に入れて作った味噌鍋である。これのおかげで子どもたちがすくすく大きくなっているのだと、光子は胸を張った。

一番上のカルロス剛と、末っ子のマリアテレサ美和子との年の差は11年。互いに年の近い六人のきょうだいは、日々けんかをしながらも助け合って育っていった。たとえば、病気がちだった次女のマルタ悠紀子を一日おきに病院に連れて行くのは、兄の役割。両親と兄二人がそろって働きに出かけて家が留守になるとき、幼い三人の妹たちに夕食を食べさせて寝かしつけるのは、長女のエルメリ

mayor, Hermelinda Michiko.

Mitsuko y Tsutomu coincidían en su forma de pensar en cuanto a que: "Si se trabaja desde pequeño, al crecer, la experiencia ayudará". Ambos padres, junto con sus hijos, preparaban los dulces que se vendían en la tienda. Los hijos pequeños se quejaban de que les dolían los dedos, pero aún así ayudaban a sus padres. Eran actividades de trabajo como, "Vamos a envolver paquetes de 250 g de caramelo esta noche", ó "Hagamos paquetitos de fruta seca equivalente a un total de 25 kg".

Los escasos días en que cerraban la tienda, Mitsuko y Tsutomu subían a sus hijos al automóvil y los llevaban de día de campo. Aunque fuera por unos momentos, podían olvidar las dificultades de su vida y gozar de una comida en el campo con su familia.

Con sus seis hijos
六人の子どもたちと

---

ンダ美智子の役割だった。

　光子と勉は、教育的な観点から子どもたちによく店の手伝いをさせた。「働いてお金を稼ぐことの大変さとおもしろさを、子どものうちから学ばせたい。その経験は、やがて子どもたちが成人し社会に出るときにきっと役に立つ」と考えてのことである。店で売る菓子を包む作業は、子どもたちに労働を体験させるいい機会であった。幼い子らは、「もう指が痛くなった」とこぼしながらも両親を手伝った。「今夜はキャラメルを250グラム包もう」「明日はドライフルーツを25キロ分ラッピングしてしまおう」と目標を立てる。すると不思議と頑張れる。そんなことを子どもたちは自然に学んでいった。店の一部の棚の陳列を、子どもたちに任せることもあった。六人の子らは自分が担当する棚の売り上げが伸びるよう、競い合うようにして工夫をこらした。

　年に数度の、店が休みの日は、子どもたちを車に乗せて近郊にピクニックに連れ出した。たとえ一時(いっとき)であっても、苦しい生活のことを忘れて楽しむ野外料理の

Eran momentos especiales. Mitsuko, que en la cotidianidad era implacable en la disciplina de sus hijos, en los días de campo dejaba relucir su hermosa sonrisa.

---

味は格別であった。普段は子どもたちに厳しい光子も、こういうときは思い切り楽しみ、朗らかに笑った。

SEGUNDA PARTE　第二部

## 9. EL FERVOR POR LA EDUCACIÓN

*Tanka* 007, 009, 012, 013, 015, 016, 029, 030, 037

暮らしの安定と教育への熱意

春日光子の生涯　LA VIDA DE MITSUKO KASUGA

Un día de 1949, Tsutomu compró un refrigerador. Toda la familia se emocionó por la llegada de una máquina tan moderna que podía producir hielo en casa. Sin embargo, esto no cambio la costumbre de Mitsuko de ir todos los días al mercado y cocinar con los ingredientes más frescos posibles.

El siguiente aparato que llegó a casa de Mitsuko fue la lavadora de ropa. Después, la aspiradora y la licuadora. Estos enseres domésticos eran muy novedosos en aquel tiempo.

Tsutomu tenía un espíritu emprendedor. Sobre todo, trató de integrar a la cotidianidad objetos que le facilitaran a Mitsuko el trabajo diario del hogar. A Mitsuko se le llenaba el corazón al ver la alegría que les daba a sus hijos regresar del colegio y descubrir que había en casa jugo de melón hecho con la licuadora.

En 1952, toda la familia se muda a una casa de estilo colonial que tenía 3 habitaciones, 2 baños, recibidor, estancia, comedor, cocina y hasta un sótano. Los niños estaban felices de tener una nueva casa con jardín.

Al año siguiente, en 1953, Tsutomu abre su

Mitsuko en la cocina
台所に立つ光子

---

勉が冷蔵庫を買ってきたのは、1949年のある日のことである。氷を作ることもできる最新の機械に、家族はみんな興奮した。ただ、毎日市場に行って、その日のうちに調理するという光子の習慣は、冷蔵庫が来てからもなかなか変わらなかったという。

冷蔵庫に続いて家に導入されたのは、洗濯機だった。ついで掃除機、ミキサーがやってきた。いずれも当時はまだ珍しい家電製品だったが、勉には進取の精神というものがあったようである。特に光子の家事の助けになる場合には、その精神が大いに発揮された。学校から帰ってきた子どもたちが、ミキサーで作ったメロンジュースを見つけて歓声をあげるのを見て、光子の心は喜びで満たされるのであった。

1952年、一家は念願の一軒家に引っ越しをする。コロニアル様式のその家には、寝室が三部屋と浴室が二つあり、応接間、居間、台所、食堂、さらには地下室を備えていた。子どもたちは、庭付きのこの新しい家に大はしゃぎだった。

segunda dulcería, Dulcería La Esperanza. Habían pasado seis años desde la apertura de Dulcería Uruguay y el negocio estaba creciendo a buen paso. La nueva tienda quedaba cerca del periódico Excelsior, por lo que pasaba mucha gente. Tsutomu invitó a amigos *nikkei* de San Luís Potosí, para que viniera a administrar la tienda.

Había un motivo importante por el cuál Tsutomu era tan emprendedor en los negocios. Tsutomu y Mitsuko estaban decididos a no hacer concesiones en la educación de sus hijos. A pesar del elevado costo de las colegiaturas. La pareja decide enviar a cuatro de los seis hijos al Colegio Alemán, y a las otras dos hijas a un colegio católico para mujeres. Ambos colegios eran destacadas instituciones privadas en la Ciudad de México. El Colegio Alemán al que iban cuatro de sus hijos tenía fama por ser el colegio

El Colegio Alemán
ドイツ系の学校で学ぶ末娘

翌53年、勉は二軒目の菓子屋（Dulcería La Esperanza）を開いた。一軒目の菓子屋（Dulcería Uruguay）のオープンから６年がたち、商いは順調に大きくなっていた。新しい店舗は新聞社のビルに近く、人通りが多い好立地にあった。勉は、サンルイスポトシに住んでいた友人一家をメキシコシティに呼び寄せ、ともにこの店の経営を行った。

勉には、積極的にビジネスを広げる理由があった。年々ふくらむ、子どもの学費である。子どもの教育には妥協しないと決めていた勉と光子は、六人きょうだいのうちの四人をドイツ系の学校へ、残る二人はキリスト教系の女子校へ通わせていた。どちらもメキシコシティ指折りの私立名門校である。特にドイツ系の学校は、学費が市内で一番高いことでも知られていた。

さらに夫婦には、将来は子どもたちを大学に進ませたい、できれば海外にも留学させたいという希望があった。それは、当時の一家の収入レベルからすると、途方もない夢に思えた。しかし、あきらめるわけにはいかない。勉は、ビジョン

con la colegiatura más cara de la Ciudad de México.

La pareja tenía la esperanza de poder mandar a sus hijos a la universidad en un futuro, e incluso, deseaban darles la experiencia de estudiar en el extranjero. Con los ingresos con que contaba la familia en aquel entonces, hacian que esto pareciera un sueño inalcanzable. Pero ellos eran personas que no se rendían con facilidad.

Tsutomu era un hombre que poseía una gran capacidad de acción. Le daba seguimiento a sus ideas y una tras otra las llevaba a la practica. La apertura de la segunda dulcería fue para Tsutomu un paso más para acercarse a donde quería estar.

Mitsuko no era muy hábil en cuanto a las cuentas y el dinero. Las estrategias administrativas de la tienda ó el plan a largo plazo de la administración del hogar eran

Mudándose a su nueva casa
一軒家に引っ越し

実現のためにさまざまなアイデアを練り、それをすぐ実行に移していくという類まれな行動力の持ち主だった。二軒目の菓子屋開店は、勉の理想を実現するための大切な一歩であったと言える。

一方光子は、勉のようにビジネス・センスがあるわけではなかった。そこで、家計の長期プランや店の経営についてはすべて勉に任せ、自らは計画遂行のための裏方に徹した。勉と光子は、二人三脚でがむしゃらに頑張った。

日本語は、子どもが学校から帰ってきてから、光子自身が先生となって教えこんだ。三女のエスペランサ真佐子や末娘のマリアテレサ美和子には、日本舞踊や茶道も習わせた。メキシコで生まれ育った子どもに、日本の文化や言葉を伝えていくというのは、並大抵の決意ではできないことである。漢字の練習をいやがる幼い娘のそばに光子が座り、ついには母娘ともども泣き出してしまったことも一度ならずあったという。

光子の教育への熱意は強く、のちに自宅を開放して、日系の子どものための日

responsabilidad de Tsutomu. Mitsuko se dedicaba a la fiel ejecución del plan establecido. Tsutomu y Mitsuko continuaban trabajando incesantemente.

En cuanto al aprendizaje del idioma japonés, Mitsuko se encargó de ser la maestra de sus hijos y cuando estos regresaban del colegio, ella les enseñaba. Incluso, a su tercera hija Esperanza Mazako y a su hija más pequeña María Teresa Miwako, las hizo tomar clases de danza tradicional japonesa (*nihonbuyou*) y de ceremonia del té (*sadou*). Enseñar el idioma y la cultura de Japón en un país lejano para los hijos que nacieron y crecieron en México no es algo que se pueda lograr con esfuerzos a medias. Mitsuko recuerda que, en una ocasión, una de sus hijas pequeñas se oponía vehementemente a practicar

La escuela que abrieron en su casa
自宅に開設した日本語塾

本語塾を作ったほどだった。応接間、居間、食堂を改装して机を置いたスペースが教室となった。授業時間は通常の学校の放課後である午後2時半から始まり、午後5時まで。二十人から三十人の子どもたちが、低学年と高学年のクラスに分かれて日本語の学習に取り組んだ。光子も低学年クラスの先生として教壇に立ったが、授業中は厳しかったという。しかし、時には庭で学芸会や運動会なども開催し、日本語塾は子どもたちにとって楽しい集いの場ともなっていた。

光子は普段、人前に出るときはおしとやかだったが、家では口うるさい母親の顔を持っていた。特に、子どものご飯の食べ方やあいさつの仕方には厳しく、本気で腹を立てると大声で怒鳴るだけでは済まず、子どもを叩いたり物を投げつけたりすることもあったという。

幼い頃からの光子の負けず嫌いは、六人の子の母親となっても変わらなかった。いや、むしろさらに競争意識が強くなったふしがある。自分の子の成績が学校で

los *kanji* (ideogramas de la escritura japonesa) y Mitsuko se sentó a su lado. Ambas se pusieron a llorar de desesperación.

El fervor educativo de Tsutomu y Mitsuko era tal que, eventualmente abrieron su hogar para convertirlo en una escuela de idioma japonés para los niños *nikkei*. El recibidor, la estancia y el comedor de la casa fueron remodelados para colocar escritorios y usarlos como salones de clase. Después que los niños terminaban con las clases del colegio normal, tomaban clases de japonés de dos y media a cinco de la tarde. A sus 20 a 30 alumnos los dividían por grupos dependiendo de su grado, para darles sus clases de japonés. Mitsuko se paraba en el podio como otra profesora más. En ocasiones, la escuela organizaba eventos teatrales, musicales y deportivos en el jardín.

Mitsuko supervisando el festival artístico de la escuela
自宅庭で開く学芸会を見守る光子

トップでないと知ると、光子はたちまち不機嫌になった。子どもたちの弱音や言い訳には、一切耳を貸さない。そんな母親を恐れた子どもたちは、点数の悪いテストは親に見られないよう、すぐ捨ててしまうようになった。

光子は自分自身が長年我慢と努力を重ねて生きてきただけに、子どもたちにも同じことを求める傾向があった。目標に届かないときは、もっと努力をすればいい。これが光子の信念である。こうした厳格な母親である光子に対し、反発する子もいれば、逆にその期待に応えようと背伸びをする子もいた。

こうした高圧的に要求を押しつける子育ては、現代においては模範的なスタイルと言えないかもしれない。しかし、一つ確かなのは、真剣に生きる母の姿を通して、子どもたちは人生の知恵を自ら学びとっていったということである。

勉は朝から晩まで仕事に打ち込んでいたので、家にいる時間が短かった。そのため光子は、勉の分まで子どもの叱り役にまわらなければならなかった。料理や洗濯、掃除などの家事を一人でこなすかたわら、六人の子どものけんかを仲裁し

En público, Mitsuko era una dama recatada y encantadora. Pero como maestra era extricta y como madre era mandona y criticona. Sobre todo en lo que respecta a los modales de sus hijos al comer y al saludar. Cuando Mitsuko se enojaba verdaderamente, no bastaba con sólo gritar, si no que llegaba al grado de sacudir y lanzar cosas.

El detestar perder era una característica que Mitsuko tenía desde pequeña, que no cambió por ser madre de seis hijos. Incluso, se podría decir que el espíritu de competencia se le acentuó. No le gustaba escuchar quejas ó pretextos de sus hijos. Sus hijos llegaron a tirar exámenes en los que sacaban malas calificaciones para que Mitsuko no los viera.

La vida de Mitsuko era una acumulación de enfrentar adversidades con mucho

La cuarta hija, María Teresa Miwako, bailando una danza japonesa
日本舞踊を披露する末娘・マリアテレサ美和子

たり、宿題をみたり、寝かしつけたりするのである。子ども一人ひとりの話にじっくり耳を傾けたいと思っても、とてもそんな余裕はなかったであろう。

一方、勉は休みの日になると、子どもたちを連れ出しては一緒に遊んだり、おもしろい話を聞かせてやったりした。「なるようになる」が口癖の、楽観的で寛大な父親であった。春日一家としては、のびのびと子育てをする勉と、厳しくしつけようとする光子とでうまくバランスがとれていたようである。

esfuerzo, por lo que ella esperaba lo mismo de sus hijos. Cuando no se llegaba a la meta, Mitsuko estaba convencida que era cuestión de esforzarse más. Ante una madre tan rigurosa, hubieron hijos que se rebelaron y otros que, al contrario, por querer responder a estas expectativas se esforzaban más. Tanto madre e hijos hacían su mejor esfuerzo en circunstancias difíciles.

Quizás se puede decir que su estilo de criar hijos no fue ejemplar. Sin embargo, una cosa es segura: al ver a su madre vivir la vida con tanta seriedad, los hijos fueron absorbiendo sabiduría de vida.

Tsutomu, el padre, vivía sumergido en el trabajo de mañana a noche, así que pasaba poco tiempo en casa. Por lo tanto Mitsuko tenía que regañar por ambos. Entre ayudar

Como maestra de japonés, como madre, Mitsuko siempre fue muy estricta
光子は、母としても教師としても厳しかった

al negocio de la familia, hacer todo el trabajo del hogar, arbitrar peleas, revisar tareas y poner seis hijos a dormir, Mitsuko no tenía la holgura de escuchar las historias de cada uno de sus hijos.

Cuando era día de descanso, Tsutomu se llevaba a sus hijos a jugar y les contaba historias divertidas. "Lo que será, será" era una expresión común de Tsutomu, quien era un padre optimista y de visión generosa. Como Tsutomu dejaba que sus hijos crecieran a sus anchas, Mitsuko era la rigurosa en la educación, y de este modo se balanceaba el hogar.

Tsutomu continuamente veía cómo hacer crecer su negocio
ビジネスを拡大し続けた勉

# 10. REUNIONES DE POETAS

*Tanka 032-036, 038-040, 049*

短歌とサボテン

Mitsuko emprendió seriamente a la escritura de tankas y haikus después de haber cumplido 40 años. En 1955, convocados por el entonces embajador de Japón en México, los japoneses y *nikkeis* fundan el grupo de poetas *Kuka no tsudoi* (el club de tanka y haiku). Mitsuko fue uno de los miembros fundadores.

Mitsuko decide que su seudónimo como escritora sería "Akane", el color que se usa en japonés para describir los rojos del atardecer. Para Mitsuko, *akane* representaba el atardecer que se expandía sobre los arrozales de su tierra natal, tiñiendo la montaña Komagatake de rojo.

El poder disfrutar con otros compañeros del placer de la poesía, además de gozar el escribir sus propios poemas, fue para Mitsuko muy estimulante. Aunque Mitsuko ya

Miembros fundadores del club de tankas y haiku
「句歌の集い」創設メンバー

　光子が本格的に短歌と俳句に取り組み始めたのは、40歳を迎えた頃であった。1955年、当時の在メキシコ日本大使の呼びかけにより、メキシコシティに暮らす日本人・日系人を中心とした「句歌の集い」が発会し、光子はその創設メンバーになったのである。
　このとき光子は、自分の雅号を「あかね」に決めた。メキシコの生活にすっかり溶け込んだ光子であったが、一方で望郷の念も強かった。ふるさと伊那の、あの茜色に染まった夕景の象徴として、「あかね」を選んだのである。
　日本語の詩歌を楽しむ仲間の存在は、光子が詩作を行ううえで大きな励みとなった。それまでも折にふれ短歌や俳句を書き留めてきた光子だが、作品を発表したり批評し合ったりするのは初めてである。仲間に支えられ、光子は毎日のように詩作を楽しむようになった。暮らしの中で感じる喜びや悲しみや怒り。どんな思いも歌に託して表現すると、不思議と心が安らぐのだった。
　光子にとって短歌は、自らを解き放つ場であったと言えるだろう。短歌の中で

escribía tanka y haiku y los archivaba, esta era la primera vez que los leía en público y que formaba parte de un grupo de poetas dedicados a la crítica.

La poesía se volvió el sostén emocional de Mitsuko, y ella comenzó a escribir tanka y haiku en su cotidianidad. A través de la poesía, Mitsuko expresaba sus alegrías y tristezas, e incluso hasta la furia que experimentaba en su día a día. Cuando convertía su sentimiento en poesía, su corazón se apaciguaba. Además, para una Mitsuko agobiada por los deberes diarios de la vida, el tanka era un espacio seguro para desahogar su abundante sensibilidad. En el mundo del tanka, Mitsuko se podía separar de su rol de madre ó esposa, y enfrentar al mundo como tan sólo una persona más.

Durante este período, Mitsuko comienza a participar en las reuniones de la Sociedad

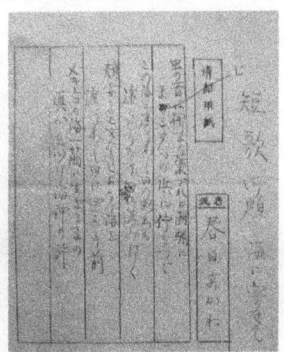

Tankas de Mitsuko
光子が書いた習作

なら、「母」や「妻」という役割から離れて、一人の人間として世界と向き合うことができた。

光子がメキシコ・シャボテン会に参加していたのもこの時期である。メキシコ・シャボテン会とは、メキシコの植物について研究する学者や愛好家の集まりで、メキシコ国立自治大学の植物学者であった日系移民の松田英二博士が、中心メンバーとなっていた。松田英二はキリスト教思想家・内村鑑三の弟子で、メキシコ全土で750余りの新種植物を発見したうえ、60万点にものぼる植物標本を作り、「メキシコ植物学の父」と呼ばれている人物である。このシャボテン会の月例会は、しばしば光子の家で開かれた。メキシコ人の研究者たちは光子の手料理を楽しみにしていて、春日邸が会場になる月はいつもより参加人数が多くなるほどだった。

光子はサボテンが大好きだった。その大きさや形の多様さも魅力的だったが、何よりもとげの中から顔を出す鮮やかな花の可憐さに強く惹き付けられた。生命力の強いサボテンに、メキシコで生きる自らの姿を重ね合わせていたのかもしれ

Mexicana de Cactología. Los *nikkei* les llamaban a este club *Shaboten*. *Shaboten* se reunía mensualmente. Cuando las reuniones eran en casa de los Kasuga, la fama de la comida de Mitsuko resultaba en reuniones más grandes de lo usual. Uno de los miembros fundadores del club era Eizi Matuda, quien preparó alrededor de medio millón muestras de plantas, descubrió más de 750 nuevas especies en México y es reconocido como el padre de la botánica en México. Al rodearse de compañeros cultos, Mitsuko se revitalizaba y saciaba su apetito intelectual. Con frequencia los acompañaba en sus viajes de investigación y aun en los días de campo solo con su familia, se iba en busca de cactáceas.

Eizi Matuda y la revista del club Shaboten
松田英二とメキシコ・シャボテン会の会報

ない。やる気と教養あふれるシャボテン会の仲間に囲まれ、光子は大いに刺激を受けた。時折企画されるシャボテン会の調査旅行に参加するのはもちろんのこと、週末に家族だけで出かけるピクニックでも、その土地のサボテンを探しては観察する熱心さだった。

　サボテン好きが高じた光子は、やがて自宅の庭にも小さなサボテン園を作りあげた。庭で自転車に乗って遊んでいた末娘がサボテンの上に倒れこんでしまったとき、光子は娘のけがよりも、サボテンが無事かどうかをまず気にかけたというエピソードが残っている。

Ella amaba a las cactáceas: sus variadas tamaños, diversas formas, las delicadas flores que nacían rodeados de espinas y sobre todo su vitalidad en los entornos más difíciles. Mitsuko probablmente sentía su vida en México reflejada en ellas.

En el jardín de su casa tenía una sección especial para cactáceas. Un día cuando su hija más pequeña andaba en bicicleta en el jardín, chocó y cayó encima de las cactáceas. La hija recuerda que su mamá se preocupó más de sus cactáceas que de su hija.

Mitsuko y Tsutomu disfrutando de un día de campo
ピクニックを楽しむ光子と勉

## 11. REENCUENTRO CON SU PADRE

*Tanka 048*

父との再会

春日光子の生涯　LA VIDA DE MITSUKO KASUGA　195

El año 1955 depararía otra gran alegría para Mitsuko. Su padre, Inao, que vivía aun en Japón, decidió venir a visitar a la familia de Mitsuko a la Ciudad de México. Para volver a reunirse con su padre lo antes posible, Mitsuko le pidió a Tsutomu que hiciera arreglos para obtener un boleto de avión.

Su padre Inao, que había sobrevivido un período muy difícil de posguerra, ya tenía 72 años. Este era un reencuentro entre padre e hija que intentaba remediar 20 años de ausencia. Mitsuko e Inao hablaban incesantemente de sus vidas tratando de llenar todos los años y meses que no se habían visto.

Cuando zarpó el barco de Inao rumbo a Japón, el hijo mayor de Mitsuko, Carlos Tsuyoshi, iba con él. Tsutomu y Mitsuko deseaban mostrarle Japón a su hijo nacido en

Mitsuko recibiendo a su papá Inao en el aeropuerto
父・伊那雄が空港に到着

1955年、光子にはうれしいことがあった。日本で暮らす父・小坂伊那雄が、光子たち一家に会うために初めてメキシコシティへ来ることになったのだ。

日本で厳しい戦争時代を生き抜いた伊那雄は、もう72歳になっていた。少しでも早く光子と伊那雄が再会できるようにと、勉が伊那雄の飛行機チケットを手配したのだった。

ほぼ20年ぶりの親子の対面である。空白の年月を埋めようとするかのように、光子と伊那雄は語り続けた。光子は久々に娘に返り、頭の中にはふるさとの光景がどこまでも広がっていった。

伊那雄が日本に帰るとき、一緒に付き添って行ったのは光子の長男・カルロス剛だった。メキシコで生まれ育った息子に、一度日本を見せてやりたいと考えていた勉の計らいである。勉と光子自身は移住後まだ一度も里帰りしたことがなく、望郷の念は強かったが、若い息子の留学を優先させたのである。このときカルロス剛は、好奇心旺盛な18歳の青年に成長していた。

México. Tsutomu y Mitsuko no habían regresado a su tierra natal desde que emigraron a México, pero preferían darle la oportunidad a su joven hijo de 18 años estudiar en el extranjero. Carlos Tsuyoshi era un joven lleno de curiosidad y un líder natural. Tras cruzar el océano Pacífico junto con su abuelo, Carlos Tsuyoshi se quedó con sus parientes absorbiendo el idioma y la cultura japonesas. Estudió en la Universidad de Sofía y en la YMCA de Tokyo. También trabajo en Seidensha Electronics donde aprendió sobre la produccion de vinilo.

Año Nuevo conel abuelo Inao y la familia de Mitsuko
メキシコで一家そろって迎えた新年

祖父の伊那雄とともに船で太平洋を越えたカルロス剛は、親類のところに身を寄せて日本語や日本文化を吸収したのち、上智大学や東京ＹＭＣＡで学んだ。さらに、東京の精電舎工業という会社でアルバイトをしながら、ビニールを加工する技術を身につけた。ちなみに精電舎工業とは、のちに日本で熱狂的なブームを呼んだ「ダッコちゃん」人形の製造機メーカーとして有名になった会社である。このときにカルロス剛が学んだ技術が、のちにメキシコで一家の事業拡大に役立つことになる。

春日光子の生涯　LA VIDA DE MITSUKO KASUGA　197

El barco en el que
Inao y Carlos Tsuyoshi partieron al Japón
伊那雄とカルロス剛が日本へ渡った船

Carlos Tsuyoshi como estudiante de
intercambio en Japón
(tercero desde la izquierda)
日本留学中の長男・
カルロス剛（左から三人目）

La fábrica donde Carlos Tsuyoshi estudió
sobre manufactura de vinilos.
カルロス剛がアルバイトとして
ビニール加工を学んだ日本の会社

## 12. EL CRECIMIENTO DEL NEGOCIO

*Tanka 031*

事業の拡大

En 1956, Tsutomu abre una fábrica dedicada a hacer juguetes de celuloide y plumafuentes. Este fue un trabajo que inició junto con otros amigos. La fábrica que instalaron se basaba en tecnología japonesa. Además, durante su estadía en Japón, Carlos Tsuyoshi aprendió sobre el oficio de trabajar con vinilo, así que con el apoyo de su padre, inició la producción de juguetes hechos de este material.

Conforme se expandía en los negocios, los días de Tsutomu se tornaban cada vez más ocupados. Tenía la administración de dos dulcerías, y la producción y venta del chamoy. Se le añadió la producción y venta de juguetes.

Para la preparación de los chabacanos, el reto eran las últimas dos semanas de primavera, por lo que esa temporada eran aún más ocupada. El día de trabajo de

Los juguetes de vinilo consiguen éxito uno tras otro.
ビニール製のおもちゃは次々とヒットを生んだ

1956年、勉はメキシコシティで、セルロイドのおもちゃや万年筆を作る工場を建てる。将来性があると見込んで仲間と一緒に始めた事業だった。工場の設備は日本の技術を土台にしていた。そこに、日本に留学させていた長男・カルロス剛が、ビニール加工の仕事を覚えて戻ってきた。勉とカルロス剛は親子で協力して、この工場でビニール玩具の製造も始めることにした。

こうして仕事をどんどん広げる勉の毎日は、多忙を極めていた。二軒の菓子屋の経営。干しアンズの製造・販売。そこにセルロイドやビニールの玩具の生産・販売が加わったのである。

アンズの仕入れは毎年、晩春の二週間くらいが勝負だったので、その時期はとりわけ忙しかった。朝6時に起き、7時には干しアンズ工場を開けて、材料となるアンズを生産者から受け取る。アンズの計量を終えて樽につけ込んだら、今度は菓子屋に駆けつける。二軒の店舗をまわって商品の注文や支払いを済ませ、光子が持たせてくれた弁当を口の中にかき込んだら、次はビニール玩具の商品の配

Tsutomu puede resumirse de la siguiente manera:

Se levantaba a las 6 de la mañana para abrir la fábrica de chamoys; a las 7 a.m. recibía los chabacanos, el ingrediente principal para la elaboración de su producto. Después de pesar los chabacanos y prepararlos en el barril, se iba a la tienda de dulces. Ahí, efectuaba los pedidos y pagos correspondientes a sus dos dulcerías y se comía, en algún momento, el *bento* que le había preparado Mitsuko. Partía después a hacer las entregas de juguetes. Además tenía que tomar el tiempo para ir a la fábrica de juguetes y dar las instrucciones pertinentes a los varios empleados de la línea de producción.

Al atardecer, regresaba nuevamente a la dulcería a revisar las ventas del día. Cerraba la cortina de su tienda a las 10 p.m. y después de darle aventón a sus trabajadoras a sus respectivas casas, por fin regresaba él a la suya. Llegando a casa, se subsumía en la investigación de alguna nueva máquina llegada del Japón. Era impensable que se lograra dormirse antes de la 1 de la mañana.

Una agenda así de vertiginosa continuó por muchos años.

Mitsuko apoyó desesperadamente a su marido emprendedor, pero el cuerpo de Tsutomu por la falta de descanso, se desgastaba sin que se dieran cuenta.

---

達だ。その後おもちゃ工場に移動し、生産ラインに立つ従業員たちに指示。日が沈む頃、再び菓子屋に戻って一日の売れ行きを確認。10時に店のシャッターを閉めた後、女性店員たちをそれぞれの家に送り届けながら、やっと帰宅するという生活である。さらに家に戻ってからも、日本から届いた新しい機械の研究に没頭。いつもベッドに入るときには深夜の1時を過ぎていた。

このような多忙な日々が何年も続く勉を、光子は必死で支えた。しかし、寝る間も惜しんで働き続ける勉の体は、知らぬ間にすり減っていったのである。

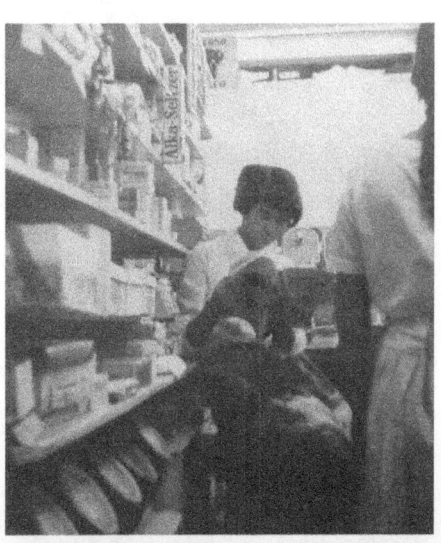

En la dulcería
菓子屋で店番をする娘

Tsutomu con chamoys
天日干しされるチャモイと勉

## 13. FORJANDO UNA FAMILIA

*Tanka 008, 010, 011, 020, 050*

大所帯

春日光子の生涯　LA VIDA DE MITSUKO KASUGA　203

Tsutomu siempre tuvo presente a los compañeros migrantes que lo cuidaron cuando él había sido un recién llegado joven. Por ello, siempre apoyaba con mucho gusto a los que le venían a pedir ayuda. Sin importar su pasado ó su potencial a futuro, siempre dejaba que jóvenes vivieran en su casa y los apoyaba en su desarrollo laboral. En esos días, en casa de Tsutomu y Mitsuko usualmente habían empleados ó estudiantes viviendo con ellos.

A la hora de la comida, era la norma que tanto la familia como los empleados y estudiantes rodearan la mesa del comedor. Mitsuko tenía que preparar a diario comida para alrededor de 10 personas. Todas las mañanas salía al mercado y regresaba con dos canastas enormes llenas de ingredientes. Ollas y cazuelas gigantes que se desbordaban de

Mitsuko y Tsutomu
dando la bienvenida a todos
como si fueran de su familia
誰でも家族同様に
迎え入れた勉と光子

　勉は、自分が若い頃に日本人移民の先輩たちに世話になった恩を忘れず、頼って来る若者がいればいつでも喜んで受け入れた。その若者の経歴などには頓着せず、自分の家に住まわせては仕事を教え、その成長を後押しした。そんなわけで勉と光子の家には、何人もの住み込みの従業員や書生がいた。
　昼食のときには、家族に加えて従業員や書生も一緒に食卓を囲むのが常で、光子はおよそ10人分の食事を日々用意しなければならなかった。朝になるとすぐ市場に出かけ、特大のかご二つを野菜や肉でいっぱいにして戻るのが光子の日課だった。大きな鍋やフライパンにあふれるほど作った料理は、その日のうちにきれいに空っぽになった。
　光子は料理上手だった。メキシコの文化を積極的に吸収しようとする光子の好奇心は、メキシコ料理の習得にも役立ったようだ。市場に行くたび、野菜や調味料を売るメキシコ人たちに調理法を尋ね、そこに独自の工夫を加えてレシピを改良していく。こんなふうに研究を重ねて作られた光子のモレ（メキシコを代表す

comida quedaban sin un solo granito de arroz al final del día.

Mitsuko era una excelente cocinera. Debido a su compromiso en absorber la cultura de México y su curiosidad natural, Mitsuko había aprendido a cocinar muy bien la comida mexicana. Preguntándoles a los vendedores de verduras y carne del mercado, Mitsuko fue haciendo sus innovaciones y mejorando sus recetas. La receta de mole de Mitsuko tenía fama de ser excelente.

*Cada mañana
reconozco más gente
en el mercado.
¡Qué regocijo tener
amigos que saludar!*

—Akane

Mitsuko
光子

---

る煮込み料理）は、メキシコ人が作るよりもメキシコらしい味わいだと評判になるほどだった。

　　　　顔見知りふえて物云い交し合う朝の市場に行くが楽しく

　　　　　　　　　　　　　　　　　　　　　　　　　—あかね

　大所帯の春日家には、さらに小動物もたくさんいた。家で飼っていたのは、コンゴウインコ1羽、オオハシ1羽、タヌキ1匹、オウム2羽、犬2匹、七面鳥3羽、ウサギ4匹、カメ5匹、猫11匹、アヒル12羽。さらに鳩や魚なども数多くいて、庭はさながら春日動物園といった様相を呈していた。光子が料理するときにできる野菜くずなどは、残らずこの小さな同居人たちの餌となった。

　勉はこの時期に、日本からブレスレットや髪飾りを輸入する仕事も始めている。商品の売れ行きは上々だった。勉は、すでに軌道に乗った菓子屋の経営は人に任

Además de tener que administrar y alimentar a una casa con tanta gente, Mitsuko tenían muchas mascotas. Especialmente su segundo hijo, Luis Takeshi, quería muchos a los animales. Tenían 1 guacamaya, 1 tucán, 1 mapache, 2 pericos, 2 perros, 3 guajolotes, 4 conejos, 5 tortugas, 11 gatos, 12 patos, y varias palomas y peces — en verdad era el "zológico Kasuga". Todos los desechos de las verduras se convertían en alimento para estos pequeños inquilinos.

En esta época, Tsutomu también comenzó a importar brazaletes y adornos para el cabello de Japón. También, por entonces decide contratar a una persona para poder administrar las dulcerías, que crecían viento en popa, y poder concentrarse en el crecimiento de sus otros negocios como la fábrica de juguetes.

La familia trabajando en conjunto para armar juegos de pulseras
家族みんなで
ブレスレットの仕分け

せて、おもちゃ工場など、他の事業に集中してビジネスを拡大していった。

## 14. REGRESO A JAPÓN

*Tanka 017–019, 022, 023, 055–058*

日本とのつながり

春日光子の生涯　LA VIDA DE MITSUKO KASUGA

Con el ingreso de su familia ya estabilizado, Tsutomu decide regresar por primera vez a Japón en 1960. Ya hacían 30 años desde que había dejado a su patria. Para este entonces los padres de Tsutomu ya habían fallecido, pero el resto de sus hermanos lo esperaban en Japón. Durante el viaje, Tsutomu se entera que la vida de su hermano menor, Tooru, no era fácil. Al igual que le sucedió a Tsutomu, cuando murió su padre, Tooru fue uno de los hermanos que tuvo que resignarse a no poder estudiar más. Pensando en maneras de poder ayudar a su hermano menor, se le ocurrió que éste podía exportar ópalos mexicanos. En aquel entonces en Japón estaban de moda los ópalos que brillan como el arcoíris. En cuanto regresó a México, Tsutomu inmediatamente buscó a los productores de ópalos y firmó contratos con ellos. Este negocio de exportar ópalos

Tooru, el hemano menor de Tsutomu
勉の弟・亨

　一家の収入が安定してきた1960年、勉は初めて祖国日本に一時帰国した。メキシコに移住してから実に30年の月日が流れていた。勉の両親は既に亡くなっていたが、大勢のきょうだいが勉に会うのを楽しみに待っていた。
　日本できょうだいや親類を訪ねてまわるうち、勉は、弟・亨（とおる）の暮らし向きがよくないことを知った。昔、父が若くして他界し家に借金ができたときに、勉と同じように進学をあきらめなければならなかった弟であった。
　何とか弟を助けてやれないかと考えて思いついたのが、メキシコで産出するオパールの宝石を日本に輸出し販売するというビジネスだった。当時日本では、虹色に輝くオパールの人気が高まっていた。勉はメキシコに戻るとすぐに、オパールの生産者を探して契約をした。
　このオパール貿易は、間を置かずして軌道に乗った。やがて供給が追いつかないほどの大ヒットとなり、目利き・仕入れ担当の勉にも、予想以上の大きな収入をもたらすこととなった。

tuvo éxito inmediato. La demanda por los ópalos era tal que Tsutomu no se daba abasto surtiendo al mercado, y él, como intermediario, obtuvo grandes ingresos.

Después del viaje a Japón de Tsutomu, Mitsuko también tuvo la oportunidad de volver a Japón en 1962. Volvió a pisar su tierra natal a casi 27 años después de su salida. Su papá había envejecido muchísimo desde su reunión en México, siete años antes. Algunas de las hermanas de Mitsuko llevaban una vida feliz, y otras no tanto, cada una siguiendo su destino.

En ese momento, Japón estaba a 2 años de ser el anfitrión de las Olimpiadas de 1964, por lo que estaba en pleno desarrollo económico. Mitsuko quedó muy sorprendida de los cambios tan rápidos que se estaban dando en su patria. Sentía que el nivel de vida se hacía considerablemente más alto, pero que también habían muchas cosas que se estaban perdiendo del Japón que ella atesoraba en sus recuerdos. Con sentimientos encontrados, Mitsuko regresó a México, en donde la esperaban su esposo y sus hijos.

En esta época, a partir del viaje del hijo mayor, la familia

Luis Takeshi
東京水産大学で学んだ次男・ルイス毅

勉の一時帰国に続いて、1962年には光子も里帰りの機会を得た。ほぼ27年ぶりに踏みしめるふるさとの土だった。7年ぶりに再会した父は、思っていた以上に老いていた。光子の姉妹は、幸せそうな者もいれば戦後苦しい生活をしている者もいて、それぞれの運命をたどっていた。

2年後に東京オリンピックをひかえた日本は、高度経済成長の真っただ中にあって、急激なスピードで変貌をとげていた。光子はそんな祖国の姿に驚きながらも、「生活が豊かになる一方で、失われつつある大切なものがたくさんある」と感じた。複雑な思いを胸に、光子は夫と子どもたちの待つメキシコへと戻った。

この時期に春日夫妻は、子どもたちを次々とメキシコから送り出し、急成長する日本で学ばせている。次男のルイス毅と三女のエスペランサ真佐子は東京水産大学（現・東京海洋大学）で学び、卒業後はメキシコに戻って水産加工などの仕事を始めた。他の子どもたちも全員が日本へと送られ、それぞれに日本の文化や日本語を学ぶ機会を得た。勉がいくつもの事業を手がけて稼いだお金の多くは、

Kasuga siguió enviando a un hijo tras otro a aprender sobre ese Japón cambiante. Su segundo hijo, Luis Takeshi y su tercera hija, Esperanza Mazako, fueron a estudiar y se graduaron de la Universidad Marina de Tokyo. Al regresar a México se dedicaron a trabajar en la industria pesquera. Los otros hijos asistieron a preparatorias japonesas. Todos los seis hijos tuvieron la oportunidad de ir a Japón a aprender más sobre su idioma japonés y su cultura. Gran parte de los ingresos que se ganaron haciendo múltiples trabajos fue destinado a las colegiaturas y los viajes de sus hijos.

> *Que el dios del mar*
> *conozca que mi hijo*
> *ha entregado su vida*
> *a la mar de México*
> *con sinceridad plena.*
>
> —Akane

---

子ども六人の学費と旅費にあてられたのだった。

メキシコの海一筋に生きる子の真心とゞけ海神の許

—あかね

## SEGUNDA PARTE 第二部

Día de campo con sus cuatro hijas, esposo y video cámara de 8mm
8ミリカメラを手に持ち娘四人とハイキングへ

# 15. EL NACIMIENTO DE LOS NIETOS

*Tanka 021, 051, 052, 066-074*

孫の誕生

Cuando Mitsuko tenía 47 años, su hija mayor, Hermelinda Michiko, se casó y tuvo a una niña. El poder cargar en sus brazos a su primera nieta fue una inmensa alegría para Mitsuko.

Después se casó su hijo mayor, Carlos Tsuyoshi. La esposa de Carlos Tsuyoshi, Masako, era una mujer de la misma región que Mitsuko, de Nagano. Recibir una nuera que venía de Japón a México fue motivo de mucho orgullo para Mitsuko. Preparar junto con ella pasta de soya ó encurtir vegetales al estilo japonés eran actividades divertidas que le recordaban la vida en su pueblo. Para Masako, recién lleganda a México, seguramente Mitsuko le resultaba una suegra muy estricta. Mitsuko le exigía a Masako "ser el sostén de la familia Kasuga", "una buena esposa" y "una buena madre". Como Mitsuko creció viendo a su abuela tratar muy estrictamente a su madre Yukie, ella no sabía ser de otra manera.

Aprovechando la ocasión de la boda de su hijo mayor, toda la familia de Mitsuko se mudó a una gran residencia.

Con su primera nieta
初孫を抱く

---

光子が47歳になった年、長女のエルメリンダ美智子が結婚。翌年には女の子が生まれた。初孫を抱く光子の喜びは大変なものであった。

続いて、長男のカルロス剛が、光子と同じ信州・伊那出身の女性正子（まさこ）と結婚した。日本からメキシコにお嫁さんを迎えられたことを、光子は誇りに思った。同郷の正子とともに信州味噌を仕込んだり、ぬか漬けを作ったりするひと時のことは、たびたび短歌にも詠われている。

メキシコに嫁いできた正子にとって、光子は強く厳格な姑であっただろう。「あなたが春日の家を支えていくのだからしっかりしなさい」と、光子は正子に昔ながらの「よい妻」「よい母」であることを求めた。かつてふるさとで、祖母が嫁である母・ゆきえに対して厳しく接する様子を見て育った光子は、他のやり方を知らなかったともいえる。

長男の結婚を機に、光子たち夫婦は長男夫婦といっしょに大きな屋敷に引っ越した。新しい住まいは広々としていて、寝室だけでも五部屋を数えた。家の裏手

La nueva casa era una residencia muy espaciosa, de 5 habitaciones. Pensando en el futuro, la parte trasera de la casa tenía un gran terreno baldío para poder construir una fábrica. Gracias al gran éxito en el comercio de los ópalos, el nivel de vida de toda la familia se había elevado considerablemente.

En la nueva casa a la que se mudó la familia, se construyó un cuarto para un altar budista, y a su lado se colocó una imagen de la Virgen de Guadalupe. Mitsuko decía que su familia era lo que era gracias tanto a Japón y como a México y sentía un profundo agradecimiento a ambos países. En las noches de año nuevo, toda la familia asistía a la Misa del Gallo y regresando a la casa, después de hacer sus oraciones, se divertían al estilo japonés comiendo *osechi* y *ozouni*.

Mitsuko sentía que ella tenía que transmitir tanto la cultura japonesa como la cultura mexicana, y cuidaba mucho ambas tradiciones. Los seis hijos, crecieron viendo a su madre ser así, por lo que aprendieron a sentir un gran orgullo de ser tanto mexicanos como japoneses,

Carlos Tsuyoshi con su prometida Masako
長男・カルロス剛と結婚相手の正子

には将来、工場を建てることができる大きな空き地もあった。オパールの貿易事業が大成功をおさめたおかげで、一家の暮らしはぐっと豊かになっていた。

屋敷の一室には、仏壇とグアダルーペ（メキシコの聖母）の肖像画が飾られた。今日の一家があるのは日本のおかげであり、またメキシコのおかげでもあるのだという、光子の感謝の念の表れである。光子は、日本の伝統もメキシコの伝統もどちらもなくてはならない自分の一部なのだと思い、大切にしていた。そんな母の姿を見て育った六人の子どもたちは、自分が日系メキシコ人として多様な文化の中に暮らしていることに自然と誇りを感じるようになった。豊かな文化を育みながら、一家は年輪を重ねていった。

　　裸木の隣りに芽吹く樹黄ばむ木もありてメヒコの年暮れむとす
　　　　　　　　　　　　　　　　　　　　　　　—あかね

de ser *nikkei* mexicanos. La familia Kasuga le dió la bienvenida a los años creando una rica y única cultura familiar.

> *Árbol desnudo,*
> *junto a árbol joven,*
> *árbol de otoño*
> *con hojas amarillas.*
> *Fin de año en México.*
>
> —Akane

Con sus hijos ya adultos
成人した六人の子と

引っ越しの後、長男夫婦に男の子が生まれた。「Kasuga」の姓をメキシコの地に受け継いでくれるであろう初めての男孫の誕生に、光子は満足していた。春日家では、その後も次々と孫にめぐまれた。22歳の若さで親きょうだいから離れてメキシコにやって来た光子にとって、自分の血を分けた人間が増えていくことは、価値観を共有する仲間が増えていくことのようで頼もしく思えた。

日系三世メキシコ人として生きてゆく孫の世代に、光子は大きな期待をかけていた。その気持ちは幼い子どもたちにとっては、時に重すぎるプレッシャーとなった。孫たちに、日本人としてもメキシコ人としても完璧な人間になることを期待した光子。特に言葉遣いや態度にはうるさく、「おばあちゃん」の前ではできるだけ日本語を話すように求めたという。生まれたときからスペイン語の環境の中で育っている孫たちにとって、それは決して簡単なことではない。中には、「おばあちゃん」から小言を言われるのが嫌で、光子を避ける孫もいた。孫たちにとっ

春日光子の生涯　LA VIDA DE MITSUKO KASUGA

Después de haberse mudado a la nueva gran residencia, el hijo mayor y su esposa tuvieron a un niño. Mitsuko sentía una inmensa alegría de saber que había nacido quién transmitiría el apellido "Kasuga" en tierra mexicana. A partir de entonces nació un nieto tras otro. Para Mitsuko, quien había llegado a México a la temprana edad de 22 años, dejando a sus padres y hermanos, el que fueran llegando más seres que compartían su sangre era como añadir compañeros que compartirían sus valores. Esto le parecía muy prometedor.

Mitsuko tenía grandes expectativas de esta tercera generación de *nikkei* mexicanos. Quizás expectativas demasiado pesadas para la época. Mitsuko les exigía a sus nietos ser personas que dieran orgullo tanto como japoneses y como mexicanos. Era

Mitsuko y Tsutomu
rodeados de sus nietos
孫たちに囲まれる光子と勉

て光子は、怖くて近寄りがたい存在であったと言える。光子は、孫への愛情が深ければ深いほど、かえって厳しく接した。「おじいちゃん」の勉が孫を抱いたりなでたりして可愛がったのとは、対照的な姿であった。

　　　人類が月に足跡遺す時七人目の孫我家に生る

　　　　　　　　　　　　　　　　　　　　　　　―あかね

particularmente exigente en cuanto en las actitudes y palabras. Los nietos estaban creciendo en un entorno que se conducía en español, pero ella les exigía hablar en japonés lo más que se pudiera. Para los pequeños nietos Mitsuko resultaba intimidante, y les era difícil estar con ella. Incluso, habían nietos a los que les incomodaba tanto ser regañados por la "abuelita" que preferían no acercarse en absoluto a ella. Ironicamente, mientras más profundo era el amor que sentía Mitsuka por un nieto, más estrictamente lo trataba. Era un contraste muy marcado al abuelo Tsutomu, que cargaba y apapachaba a sus nietos.

*El hombre deja*
*su huella en la luna.*
*Veloz avance.*
*Mientras nace en casa*
*mi séptima nieta.*

—Akane

春日光子の生涯　LA VIDA DE MITSUKO KASUGA　217

A la boda de Carlos Tsuyoshi asistieron el actor Toshiro Mifune y su esposa (primera fila a la izquierda)

長男の結婚式には、俳優の三船敏郎夫妻（前列左端）も出席。メキシコで映画の撮影が行われた時に春日家が三船敏郎の世話をしたのがきっかけで、親交が深まった。

Tsutomu en el terreno de construcción de su futura fábrica

工場建設の現場に立つ勉（右）

SEGUNDA PARTE　第二部

## 16. ORGULLO DE MÉXICO

Tanka 041-043, 059, 060

メキシコの誇り

Para el verano de 1968, México hervía con la fiebre de las olimpiadas. Los globos y estandartes hechos en la fábrica de vinilo de Tsutomu decoraron las calles que se dirigían al Estadio Olímpico. Mitsuko sentía mucho orgullo de ver productos hechos por ellos con el logo olímpico.

En 1970, el segundo hijo, Luis Takeshi, y la hija menor, María Teresa Miwako, acompañaron al Presidente Luis Echeverría y a su esposa en una gira presidencial a Japón en calidad de ayudante e intérprete, respectivamente. A raíz de eso, la amistad entre el matrimonio Echeverría y la familia Kasuga se vio fortalecida. Para Tsutomu y Mitsuko fue motivo de gran honor ser invitados junto con sus hijos a una ceremonia en el Palacio Nacional. Habiendo emigrado y empezado su vida en México bajo condiciones de

Los anillos olímpicos de la ceremonia de inaguración fueron elaborados por la fábrica de Tsutomu.
メキシコオリンピックの開会式で空に放たれた五輪の形の巨大バルーンは勉の会社で作ったものだった

1968年夏、メキシコはオリンピックに沸いていた。

勉の工場で作られたビニール製のバルーンやバナーが、スタジアムに続く大通りとオリンピック会場を華やかに彩った。メキシコオリンピックの公式ロゴが入った自分たちの製品を、光子は誇らしい気持ちで見つめた。ビジネスは好調だった。

1970年には次男のルイス毅と末娘のマリアテレサ美和子が、メキシコのエチェベリア大統領夫妻に付き添い、秘書兼日本語通訳として訪日した。それをきっかけに、光子たち春日ファミリーとエチェベリア大統領夫妻との親交が深まった。メキシコ国立宮殿で開かれる国家のセレモニーに出席するよう家族みんなで招待されたことは、光子にとって大きな栄誉を感じる出来事だった。

「移民として極貧からスタートした自分たちが、ついにメキシコという国に認められたのだ」

感慨にふける光子の胸に、様々な思い出が去来した。

mucha pobreza, esto hizo a Mitsuko sentirse reconocida por México.

*Cuando escucho
gritar al presidente
"¡Viva México!"
junto a la muchedumbre,
se inundan mis ojos.*

—Akane

El presidente Echeverría (a la derecha) en la fábrica de Tsutomu
エチェベリア大統領（右）を工場に案内する勉

ビバメヒコ大統領と群衆の声の和す時 泪 湧き出ず

—あかね

　光子の六人の子どもはそれぞれ立派に成長し、一人また一人と結婚・独立していった。1972年には、一番末の娘が結婚。子どもたち全員が巣立ったその年、光子の父・伊那雄が90歳で他界したという知らせが届いた。光子は57歳になっていた。

　ある日、勉は子どもたちを集めた。
　真剣な面持ちで勉が話したのは、オパールの貿易事業から手を引くという計画だった。家族はみんな不思議がった。事業は絶好調だったからだ。
　勉の考えはこうだった。「若いうちは皆、額に汗して働いたほうがいい。オパー

Los seis hijos de Mitsuko crecieron, y se fueron casando uno por uno, obteniendo su independencia. Para 1972, la hija menor ya se había casado. Ese año en Japón, el padre de Mitsuko, Inao, partió de este mundo a los 90 años. Mitsuko tenía 57 años.

Un buen día, Tsutomu reunió a todos sus hijos. Con el rostro serio, Tsutomu les explicó que quería retirarse del negocio de los ópalos. Todos estaban perplejos, pues el negocio era muy rentable.

Tsutomu pensaba de la siguiente manera: "Es mejor que aprendan a trabajar con el sudor de su frente mientras son jóvenes. Si obtienen éxito financiero de modo fácil mientras son jóvenes, perderán el propósito de sus vida".

Mitsuko y la familia de su hija menor María Teresa con el presidente Echeverría (centro)
エチェベリア大統領夫妻（中央）、末娘・マリアテレサ美和子の家族と光子

ルの事業によって簡単に経済的な成功が手に入ってしまうと、まだ若いおまえたちは人生の目的を見失うかもしれない。」

勉はその言葉の通り、オパール貿易仲介の仕事をきっぱりとやめた。日本でオパールの販売を担当していた弟の亨(とおる)には、今後は直接メキシコの業者のところに買い付けに行くようにと頼んだ。

六人の子どもたちが既に独立した今、勉の関心は経済的な成功よりも、社会貢献に移っていた。勉には夢があったのだ。日系人とメキシコ人がともに学べる、小中高一貫の学校をメキシコに作ることである。学校建設の実現のために、勉はパンフレットを作ったり、日本の大臣に会って援助要請をしたりして、全力で取り組んでいた。光子は、理想に燃えて突き進む勉を心から尊敬し、誰よりも応援していた。

Tal como lo anunció a su familia, Tsutomu dejó el negocio como intermediario en la exportación de ópalos. A su hermano menor, Tooru, quien vendía los ópalos en Japón, le dijo que de ahora en adelante comprara directamente de los productores.

Ahora que sus hijos eran independientes, el interés de Tsutomu no era el éxito financiero, sino contribuir a la sociedad. Tsutomu tenía un sueño: construir una escuela que tuviera primaria, secundaria y preparatoria en la que los jóvenes *nikkei* y los mexicanos pudieran estudiar juntos. Para lograrlo, Tsutomu fue a hablar con el Ministro de Educación del Japón para pedirle su apoyo y poder dedicarse de lleno al proyecto de construcción de dicha escuela. Mitsuko era más realista que Tsutomu, pero al mismo tiempo, admiraba de todo corazón a Tsutomu y lo apoyó más que nadie en este sueño.

Se fabricaron muchos globos con el logo olímpico
さまざまな色、形のオリンピックロゴ入りバルーンを多数製造

La ruta al estadio olímpico estaba lleno de banderines hechos por Tsutomu
オリンピック会場へ続く通りに勉の会社で作ったバナーがたなびいた

# 17. LA MUERTE DEL MARIDO

*Tanka 078–096*

夫の急逝

Mitsuko estaba acostumbrada a los retos diarios, pero a los 58 años sufrió una gran desdicha. En marzo de 1973, su Tsutomu falleció de pancreatitis aguda. Tenía solamente 62 años.

Este acontecimiento fue muy repentino. Tras indicar que le dolía intensamente el estómago, lo llevaron al hospital y tan sólo 2 días después, Tsutomu dio su último respiro. El hospital se llenó de los llantos de las hijas desconsoladas. Pero en los ojos de Mitsuko, no había lágrimas. Mitsuko puso en orden los asuntos del hospital, le dio las gracias amablemente al doctor y a las enfermeras. Hermelinda Michiko, su hija mayor la recuerda así: "Tengo grabada esa imagen de ella, valiente, sin derramar ni una sola lágrima. Era como un samurái en mujer".

Después de las ceremonias funebres, siguiendo la lectura del testamento, Mitsuko esparció las cenizas de Tsutomu en el Popocatépetl. El Popocatépetl, también conocido como el Popo, es un volcán que se puede ver desde cualquier lugar de la

Tsutomu y Mitsuko
勉と光子

1973年3月、充実した日々を過ごしていた光子に、人生最大の悲劇が起こる。

それはあまりに突然のことだった。おなかがひどく痛むと言って病院に運ばれた夫の勉が、そのたった二日後にこの世を去ってしまったのだ。急性すい炎だった。勉62歳の、あまりに若すぎる逝去である。

病室は、嘆き悲しむ娘たちの泣き声に包まれた。しかし、なぜか光子の目に涙はなかった。医師や看護師に丁寧に礼を述べ、落ち着き払った様子で病室の物を片付けていた母の姿を、長女のエルメリンダ美智子が覚えている。涙をまったく見せない気丈な姿は、まるで女サムライのようだったという。

葬儀を済ませた光子は、勉の生前の希望にしたがって、遺灰の半分をポポカテペトル山にまいた。ポポカテペトル山（通称・ポポ）はメキシコシティのどこからでも見える大きな火山で、日系移民の間では「メキシコ富士」と呼ばれ親しまれている。勉の遺灰は、山小屋から見上げたところにある岩場の一本松を中心にまかれた。この散骨のセレモニーには、勉の早すぎる死を惜しむ数多くの親類や

春日光子の生涯　LA VIDA DE MITSUKO KASUGA　225

Ciudad de México. Entre la comunidad de inmigrantes japoneses se le estima mucho, y se le conoce como "el Fuji de México". Las cenizas de Tsutomu fueron esparcidas debajo de un pino a la base del Popo. A la ceremonia de esparcimiento de las cenizas llegaron muchos familiares y amigos.

A los 2 meses de la muerte de su marido, Mitsuko regresó a Ina. Esto era para llevar las cenizas de Tsutomu en su tierra natal. Aún sin digerir la realidad, Mitsuko visitó a sus parientes.

> *Los ruiseñores*
> *le canten dulcemente*
> *a mi esposo*
> *que ha muerto y en cenizas*
> *regresa a su tierra.*
> —Akane

---

友人たちが集まった。
　夫が急逝してから二か月後、光子は残りの遺灰を抱えて伊那を訪れた。勉の故郷のお墓に分骨するためだった。夫の死にまだ現実味を感じられないまま、光子は日本の親類へのあいさつまわりをした。

　　骨となり故郷へ帰る我が夫（つま）にやさしく鳴けよ藪（やぶ）のうぐいす
　　　　　　　　　　　　　　　　　　　　　　　—あかね

　光子の様子が変わったのは、この伊那での弔いが終わり、メキシコでの日常が再び始まった頃だった。娘たちはこの時期、光子が泣き崩れる姿をたびたび目にしている。一連の法要が終わって、張りつめていた気持ちを支えるものがなくなったのであろう。やっと涙を流せるようになった光子は、夫の死という受け入れがたい現実の中で一人もがいていた。36年余りにわたってともに人生を切り開い

226　SEGUNDA PARTE　第二部

Las lágrimas de Mitsuko finalmente cayeron de sus ojos después de terminadas las ceremonias funebres en Ina, una vez de regreso a la cotidianidad en México. Los hijos recuerdan que en esa época la veían llorando de vez en cuando en la casa. Habiendo concluido todas las ceremonias, ya no había razón por qué contener su pena. Logrando por fin derramar lágrimas, Mitsuko empezó a lidiar sola con la nueva realidad de la vida sin su marido. Mitsuko había perdido a la pareja con la que fue abriéndose brecha, su compañero de vida por más de 36 años. Esa tristeza, ese pesar, son difíciles de imaginar.

Fue en esos momentos, trás la pérdida de su marido, y sintiendo un gran hoyo en el corazón, es que Mitsuko decide enviar un tanka a la sección de poemas del periódico *Asahi*. Este fue un poema que envió sin sentirse muy segura de él, pero, para su gran

El Popocatépetl
ポポカテペトル山

てきたパートナーを、突然失った光子。その悲しみ、嘆きは想像に尽くせない。

夫に先立たれ、心に大きな穴があいたように感じていた頃だった。光子はふと思い立って、自分の短歌一首を朝日新聞の短歌投稿欄「朝日歌壇」に送ってみた。自信がないまま投稿した歌であったが、それが思いがけず優秀作の一つとして選ばれて紙上に掲載される。60歳のときのことである。

以来、光子は生涯にわたって投稿を続け、合わせて五十首の短歌と五句の俳句が朝日新聞で発表された。自分の歌が選ばれたのを知るたび、生きてゆく力が沸いてくるのを感じる光子であった。

夫・勉の死から4年後の1977年。光子は、日本メキシコ学院（通称：リセオ）の開校セレモニーに出席していた。勉が夢見ていた、メキシコ人と日系人がともに学べる小中高一貫の学校設立が、ついに実現したのである。

sorpresa, su poema fue seleccionado y publicado en el periódico. Mitsuko tenía 60 años. A partir de entonces, hasta su muerte, Mitsuko siguió enviando sus poemas al periódico y en total se publicaron 50 tankas y 5 haikus suyos. Cada vez que se enteraba que un poema suyo había sido seleccionado, se sentía revitalizada y crecía su anhelo por vivir.

En 1977, cuatro años después de la muerte de su marido, Mitsuko asiste a la ceremonia de apertura de la escuela Liceo Mexicano-Japonés, A.C., conocido comúnmente como el "Liceo Japonés". El sueño de Tsutomu de crear un colegio en el que tanto los mexicanos como los japoneses pudieran estudiar juntos a través de la primaria, secundaria y preparatoria, se había finalmente materializado.

El Liceo Mexicano-Japonés fue la cristalización de los deseos y el gran esfuerzo de

Carlos Tsuyoshi supervisando
la construcción del Liceo Mexicano Japonés
建設中の日本メキシコ学院を見守る長男・カルロス剛

この日本メキシコ学院は、多くの日系人の願いと努力の結晶であった。メキシコシティには、かつて光子が自宅で開いていたような私設の日本語塾がいくつかあったが、それらが統合されて日本メキシコ学院の土台となったのである。開校にあたっては、日本政府、日本の商社、在留日系人の寄付が大きな力となった。また、この学校設立は、父・勉の遺志を継ごうと誓った六人の子らが奔走し、二世を中心として日系人コミュニティーをたばねた成果でもあった。光子は日本メキシコ学院の誕生を、人一倍喜んだ。

　　　　ポポの嶺ゆ亡夫視てあらん今日の日に大統領は基石置き給う
　　　　　　　　　　　　　　　　　　　　　　　　　　　　　　　　―あかね

「日本とメキシコの文化交流」を教育理念に掲げ、日本語を必修科目とするユニークなこの学校は、その後大統領の子息も通うほどの名門校となった。現在も、

muchos *nikkei*s. En la Ciudad de México habían varias escuelas de japonés que surgieron por iniciativa privada, como la escuela que abrieron el grupo de Mitsuko, pero para este gran proyecto, todas ellas se juntaron para formar la base del Liceo Mexicano-Japonés. Para lograr esto, unieron esfuerzos del gobierno japonés, empresas japonesas y personas de la comunidad *nikkei*. La fundación del Liceo Mexicano-Japonés fue también resultado de los seis hijos de Mitsuko que hicieron todo lo posible para cumplir la última voluntad de su padre.

*Desde el Popo*
*nos ve seguramente*
*mi marido, y hoy*
*el presidente pone*
*la primera piedra.*

—Akane

メキシコシティ内の高校総合評価で上位にランクインし続けており、日系人の教育という勉の夢を越えて、広くメキシコ社会全体に貢献している。光子の孫やひ孫の多くも、この学校の卒業生となった。

Este era un colegio único donde clases del idioma japonés eran obligatorias. La escuela tenía como principio el intercambio cultural entre Japón y México, se convirtió en un colegio de tanto renombre que incluso los hijos de presidentes fueron alumnos. En el 2012 y el 2014, en una evaluación comprensiva de las preparatorias de la Ciudad de México, fue reconocida con el primer lugar. Impartiendo una educación *nikkei* y graduando continuamente a estudiantes muy talentosos, el Liceo esta superando los sueños de Tsutomu. Muchos de los nietos y bisnietos de Mitsuko son graduados de este colegio.

Liceo Mexicano Japonés
– Ceremonia de inauguración
日本メキシコ学院開校記念式典

Una escuela que mezcla
las culturas de dos países
メキシコと日本の文化を
融合させた教育を目指す

SEGUNDA PARTE 第二部

# 18. POETA MADURA

*Tanka 024–028, 044, 053, 063, 064, 075–077, 097, 098*

歌人としての成熟

1985. Llega la notificación que un tanka de Mitsuko publicado en la selección annual de tankas de la casa imperial del Japón, *Utakaihajime*. En cuanto Mitsuko recibió la carta por parte de la Oficina Imperial, fue inmediatamente a compartir la noticia con la foto de Tsutomu. Éste es el tanka publicado por la casa imperial:

*Isla de Bali,*
*del dique del arrozal*
*niños colectan*
*caracoles de río.*
*Yo también fui y jugué.*

—Akane

El tema de esta selección de poemas *Utakaihajime* de ese año era "viaje". Este tanka trasciende tiempo y espacio, y es como un "viaje" del alma. El sujeto de este poema es un viaje a la isla Bali, en el sudeste de Asia, que hizo Mitsuko junto con Tsutomu y dos de sus hijas, que en ese momento se estudianban en Japón. En este tanka aparece el "caracol

---

　1985年。宮中歌会始の詠進歌としてメキシコから投稿した光子の短歌が、見事佳作として選ばれた。宮内庁から入選を知らせる手紙を受けとった光子は、真っ先に勉の遺影のところに持っていって喜びを報告したという。

　これが歌会始で佳作に選ばれた短歌である。

バリ島の旅の一日を田の畦に村の童とたにし拾ひぬ

—あかね

　宮中歌会始では毎年異なるお題が出されるが、この年のテーマは、「旅」であった。この光子の短歌は、時間と空間を越えた心の旅が詠まれた一首である。

　歌の題材となっているのは、日本に留学中だった二人の娘を連れて、光子と勉が東南アジアのバリへ旅行に行ったときの体験である。タニシとは田んぼによく

de río" que es un tipo de caracol que habita los arrozales y el pueblo natal de Mitsuko. Ella solía comer estos caracoles en la sopa de *miso*, por lo que eran algo muy familiar para ella. Al caminar por los campos de arroz de Bali, seguramente Mitsuko recordó claramente su infancia, cuando se divertía recogiendo caracoles de río. Quizá Mitsuko y sus hermanas competían para ver quién podía recoger más: "¡Yo tengo 20 caracoles!", "Yo 30. ¡Te gané!" y de este modo jugaban.

Tanto al viajar por el sudeste de Asia, como estando rodeada por sus hijos en México, el corazón de Mitsuko siempre añoraba su tierra natal. Aún cuando había pasado medio siglo desde que salió de Japón, la nostalgia no disminuía

*La flor de yuca*
*guarda el sabor del lirio.*
*Paso el día*
*cociéndola en la olla*
*con lluviosa nostalgia.*

—Akane

---

住む巻貝の一種で、光子のふるさと信州では、味噌汁に入れて食べることもあるなじみ深いものだった。バリの田園を歩く光子の胸に、自分が子どもの頃にタニシ拾いをした楽しい思い出が鮮やかによみがえってきたのであろう。光子もかつて、姉妹や友だちと競うようにして「もう二十個集めたよ」「私は三十個。勝った！」などとやっていたのかもしれない。

東南アジアを旅するときも、メキシコの家で子どもたちに囲まれているときも、光子の胸にはいつも懐かしいふるさとがあった。日本を離れて半世紀がたっても、郷愁が消えることはなかったのである。

百合の根に似たる味するユカの花　鉄鍋に煮る雨の一日を

—あかね

春日光子の生涯　LA VIDA DE MITSUKO KASUGA

Mitsuko entraba en la séptima década de su vida. Sus seis hijos luchaban por abrirse el paso en sus respectivas carreras, en las área de la industria pesquera, manufactura y venta de juguetes, producción y ventas de alimentos entre otras.

Normalmente Mitsuko vivía con la familia de su hijo mayor en la Ciudad de México, y le gustaba ser visitada por su segunda hija, Marta Yukiko, quien también vivía en la ciudad.

En ocasiones, cuando tenía tiempo, iba a visitar a sus otros hijos, quienes vivían en otras ciudades. Sus destinos nacionales eran Mazatlán, León y La Paz, y también iba a Washington D.C. en Estados Unidos. Por supuesto que le daba mucha alegría ver a sus hijos esforzándose, pero su mayor alegría era el ver el rostro de sus nietos quienes crecian con rapidez.

Para este entonces, Mitsuko tenía 16 nietos.

De sus seis hijos, su tercera hija, Esperanza Mazako, estaba construyendo una fábrica pesquera en Mazatlán. El ir a visitar a su hija y trabajar junto con ella en su fábrica le generaba una alegría especial. Por naturaleza, el trabajar moviendo su cuerpo iba con su temperamento. Además, habiendo crecido en el montañoso Nagano que no tiene mar, le

---

長年にわたって日系コミュニティーに貢献してきた功績により光子が勲六等瑞宝章を授与されたのは、詠進歌の入選から2年後のことであった。光子は72歳になっていた。

当時、光子の六人の子どもたちは働き盛り。それぞれに水産加工業、おもちゃや食品の製造・販売などを手がけ、奮闘していた。各地で頑張っている子どもたちと、かわいい孫たちを訪ねていくのは光子の大きな楽しみだった。

光子は普段メキシコシティで長男一家と一緒に暮らしていたが、機会があれば、市内に住む次女のマルタ悠紀子と時間を過ごした。また、まとまった時間があると、他の子どもたちが住むマサトラン、レオン、ラパスの町や、アメリカのワシントンDCなどに飛んで行った。

こうした小旅行の中でも、三女のエスペランサ真佐子を訪ねるときには特別の楽しみがあった。真佐子は、太平洋岸にあるマサトランの町で夫とともに水産加

parecía fabuloso que la vida la trajera a México, y ahora estuviera rodeada de camarones y pescados del océano Pacífico. Estos pequeños viajes para visitar a sus hijos brindaban a Mitsuko los mejores espacios para expresar su creatividad.

> *El goce y el mal*
> *de los pescadores se*
> *queda en tierra.*
> *El mar nunca ha cambiado*
> *su antiguo sonido.*
>
> —Akane

Mitsuko trabajando llena de vida en la fábrica pesquera de su hija
水産加工の工場でいきいきと働く光子

---

工の工場を営んでいたが、そこで一緒に働くのが光子にとって幸せなひと時だったのである。体を動かして仕事をすると、気持ちに張りが出た。海のない信州に生まれ育った自分が、太平洋に面したマサトランの町で、エビや魚に囲まれて働いているという運命のめぐりあわせが、光子には愉快に感じられた。

　子どもたちを訪ねて回る小旅行は、光子に格好の詩作のチャンスを与えた。なかでもマサトランで詠まれた短歌が数多く残されている。


漁師等の喜怒哀楽は陸におき海は太古のまゝの音する
　　　　　　　　　　　　　　　　　　　—あかね

湖に群れ飛ぶかもめの中をとぶ白蝶一羽どこ迄もとぶ
　　　　　　　　　　　　　　　　　　　—あかね

# 春日光子の生涯　LA VIDA DE MITSUKO KASUGA

*En la laguna
vuelan las gaviotas
en parvada. La
mariposa, con ellas
llegará dondequiera.*

—Akane

Mitsuko nunca perdió su curiosidad y disfrutaba mucho de viajar frequentemente al extranjero con sus hijos y amigos. Cuando emigró a México, pasó 30 días meciéndose

Mitsuko rodeada de su familia y 16 nietos
十六人の孫に囲まれる光子

好奇心旺盛だった光子は、積極的に海外旅行も楽しんだ。自分がかつてメキシコに移住したとき、30日もの間船に揺られてやっと太平洋を横断したことを思えば、飛行機に乗ってたったの一日で世界のあちこちに行けるというのは、ありがたいことであった。

光子は自分の子どもや友人とともに、スペイン、イギリス、フランス、ドイツ、スイス、ベトナム、ホンジュラスなどを訪ねている。旅先の土地で光子が必ず足を運ぶ場所があった。それは、庶民のための市場やスーパーマーケットである。「市場をのぞくとその国の人や暮らしがわかるんだよ」と言いながら、その土地ならではの食べ物を試してみるのが好きだった。また、時間があると、旅での体験や出会いを題材にして短歌や俳句を作った。

かつて光子と同じように移民として太平洋を越えた友人たちに再会するため、ブラジルやアメリカに足を伸ばしたのも、この光子70代の頃である。移住から半世紀のときが流れ、世界も、光子たち日系移民の境遇も大きく変わったことを

en un barco para cruzar el océano Pacífico, por lo que el hecho de poder sentarse en un avión y llegar en menos de un día a diferentes partes del mundo le parecía algo para agradecerse.

Mitsuko viajó a España, Inglaterra, Francia, Alemania, Suiza, Vietnam, Honduras, y muchos otros países. Mitsuko decía que: "Al visitar el mercado de un país, uno entiende a las personas y a la cultura de ese país". En todos sus viajes siempre iba a los mercados populares. Le encantaba comprar y probar la comida local. En cada lugar al que iba, escribía un poema.

En sus viajes, Mitsuko siempre llevaba en su bolsa un pequeña puchero de tela con las cenizas de Tsutomu. Aun más de diez ó veinte años despues de su muerte, el corazón

Mitsuko
光子

実感する旅であった。

　光子が出かけるとき、いつもハンドバックの中に忍ばせていたものがある。それは、小さな袋に入った勉の遺灰。勉の急逝から10年、20年が経ってもなお、光子の心はいつも勉とともに旅を続けていた。

de Mitsuko seguía con él.

Fue también durante esta época cuando Mitsuko visitó a sus amigos, migrantes japoneses que al igual que ella habían cruzado a Brasil ó a Estados Unidos. Fueron reencuentros que la conmovieron. Había pasado ya más de medio siglo desde que Mitsuko emigró de Japón, y tanto las las circunstancias de otros migrantes como Mitsuko, como el mundo mismo, habían cambiado mucho.

Mitsuko recibió una condecoración del Emperador por su contribución a la comunidad *nikkei*

光子は日系コミュニティーの発展に貢献した功績をたたえられ日本から勲章を授与された

Con los miembros del club de tankas y haiku. En 1985, Mitsuko publica *Tankas de Akane* y *Haikus de Akane*.

「句歌の集い」のメンバーと。光子（右端）は1985年に『短歌 あかね』『句集 あかね』を出版する。

## 19. UNA VEJEZ TRANQUILA

*Tanka 099, 100*

穏やかな晩年

春日光子の生涯　LA VIDA DE MITSUKO KASUGA　239

Aún pasados los 80 años, Mitsuko seguía viajando a Mazatlán. Se hospedaba en casa de su hija, iba a visitar la planta, ayudaba en los quehaceres de la casa y trabajaba activamente. Un día, Mitsuko se resbaló en un piso mojado y se quebró el fémur. Debido a su avanzada edad, sus huesos estaban debilitados y la quebradura de su hueso fue bastante aparatosa. Por primera vez, Mitsuko pasó por una cirugía mayor.

Al regresar a su casa, Mitsuko hacía diariamente sus ejercicios de rehabilitación, pero al poco tiempo sufrió otra caída. Con esta segunda operación en un hospital, y en estadía en el hopsital Mitsuko perdió la confianza en su caminar.

Después de esta operación, Mitsuko tenía que utilizar una andadera. Hasta para ir al comedor de su propia casa, tenía que ser sostenida por Masako, la esposa de Carlos Tsuyoshi, ó por las enfermeras. Como ya que no podía moverse libremente, la lectura se convirtió en el pasatiempo de Mitsuko. Cuando llegó a México no era nada fácil conseguir libros en japonés. Después trabajaba tanto que

Con los 6 hijos
六人の子に囲まれて

　80歳を越えてもなお、光子はマサトランを訪れていた。娘の家に泊まっては、家事を手伝ったり工場を見に行ったりして、きびきびと動く光子の姿は周りを感心させていた。ところがある日、光子は濡れた床で転んで、大腿骨を骨折してしまう。高齢のためにもろくなっていた骨はひどく砕け、光子は生まれて初めての大きな手術を経験することとなった。

　メキシコシティの自宅に戻った光子は手術後毎日リハビリを行っていたが、間を置かずして再び転倒し、またもや骨折してしまう。病院での二度目の手術の後、光子は歩くことへの自信をすっかり失っていた。

　この時から光子は、家の中で静かに過ごすことが多くなった。歩行補助器なしではダイニングまで歩くのも難しいほどに弱ってしまった光子を、同居していた長男の妻・正子や訪問看護師が静かに支えていた。晩年の光子の楽しみは、本を読むことだった。日本語に飢えていた数十年を取り戻そうとするかのように、自

no tenía tiempo de leer. Como si tuviera que desquitarse de esas decadas alejada de la lectura, en sus ultimos años el cuarto de Mitsuko estaba siempre invadido por grandes torres de libros. Y entre tanta lectura, continuaba disfrutando de escribir poesía.

*Me pregunto*
*si estaré viva cuando*
*el dulce aroma*
*de la flor de olivo*
*cubra toda la casa.*

—Akane

*Dos alas tiene*
*la semilla del fresno,*
*y en la brisa*
*espera por un viento*
*que la lleve al futuro.*

—Akane

---

室にはいつも日本語の本が高く積み上げられていたという。読書の合間には、折に触れ詩作も楽しんだ。

金木犀の匂う屋敷となる日まで命あるやと思うこのごろ

—あかね

フレスノの種は二枚の羽根つけて未来へ向う風を待つなり

—あかね

自分の部屋で座ったまま過ごすことが多くなってからも、光子は一家の中心的存在であり続けた。この頃には何人かひ孫も誕生し、春日家は総勢四十人を数える大ファミリーとなっていた。毎週のように娘家族らが光子を訪ねてきては、世

春日光子の生涯　LA VIDA DE MITSUKO KASUGA

Aunque ya pasaba gran parte del tiempo sentada en su cuarto, Mitsuko seguía siendo el centro de la vida familiar. Para esta época ya habían nacido algunos bisnietos y la familia Kasuga ya constaba de unos 40 miembros. Todos los fines de semana, las familias de los hijos de Mitsuko la iban a visitar y le platicaban sobre la sociedad ó los recuerdos comunes, y así era como Mitsuko se alegraba.

Hacia el ocaso de su vida, Mitsuko se había tornado más expresiva que antes con las palabras de agradecimiento. Refiriendose a las personas que vinieron a visitarla desde Japón, las personas que conoció por motivos de trabajo en México, y las personas que conoció a través de su familia, Mitsuko contaba que: "Todo lo que he aprendido de estas personas es el tesoro de mi vida".

La familia apoyando a Mitsuko cuando tuvo que vivir con tubos de oxígeno debido al debilitamiento de los pulmones
肺の機能が弱くなり酸素チューブをつけるようになった光子を家族が支えた

間話や思い出話に花を咲かせた。

この時期の光子は、前にもまして、感謝の言葉を口にすることが多くなっていたという。「たくさんの人々に出会って学んだことが、私の人生の宝物だ」と光子はたびたび家族に語っている。

2002年の秋のことであった。

光子を訪ねた志保子パトリシア（光子の孫の妻）が、いつもと様子が違う光子に気づいた。同居している長男夫婦はあいにく海外に出かけていて、家には他に誰もいない。志保子パトリシアは動転する気持ちを抑えつつ救急車を呼び、光子を病院へと運んだ。

各地に散らばっていた光子の子どもたちが、呼び集められた。病室に駆けつけた親類に、光子は繰り返し感謝の言葉を伝えた。が、その呼吸は次第に弱くなっていく。

Fue en el otoño de 2002.

Shihoko Patricia, la esposa de uno de los nietos de Mitsuko, estaba de visitando a Mitsuko cuando notó que estaba diferente. Justo en esos días Carlos Tsuyoshi y su esposa, que vivían con Mitsuko, estaban de viaje en el extranjero. Tratando de conservar la calma, Shihoko Patricia llamó a la ambulancia y la llevó al hospital.

Los hijos de Mitsuko que estaban en diferentes lugares fueron llamados. A todos los parientes que llegaron al hospital, Mitsuko les repitió palabras de agradecimiento. Poco a poco, sus energías se iban mermando.

Durante esa larga noche en el hospital, sus hijas le cantaban junto a su almohada canciones infantiles de Japón. Mitsuko escuchaba en silencio con sus ojos cerrados, eran canciones para niños como *Yuuyake Koyake* (rojo atardecer), *Mikan no Hana* (flor de mandarina), y *Komori Uta* (canción de cuna).

Fue la noche en que Esperanza Mazako alcanzó a llegar al hospital. Mitsuko dió un suspiro profundo.

Por unos instantes, su vista se perdió en el espacio.

Ese fue el último momento de Mitsuko.

---

病室での静かで長い夜、娘たちは枕元で、昔光子が歌ってくれた日本の童謡を口ずさんだ。「夕焼け小焼け」、「みかんの花咲く丘」、「江戸子守唄」。光子は目を閉じたまま、じっと娘の歌声に聞き入った。

娘のエスペランサ真佐子が病室に付き添っていた夜のことだった。

光子は、ひとつ大きな呼吸をした。そして一瞬、遠く宙を見つめた。

それが光子の最期だった。

2002年10月26日、春日光子は永遠の眠りについた。移民として、母として、そして歌人として、メキシコの大地に力強い足跡を残した88年の生涯であった。

## 春日光子の生涯　LA VIDA DE MITSUKO KASUGA

El 26 de octubre de 2002, a los 88 años, Mitsuko Kasuga se entregó al sueño eterno. Como migrante, como mujer, y como poeta, Mitsuko dejó una gran huella en su adoptiva tierra mexicana.

Mitsuko
光子

# SEGUNDA PARTE 第二部

春日光子の生涯　LA VIDA DE MITSUKO KASUGA

El material de La Vida de Mitsuko Kasuga fue investigado y escrito por Aiko Chikaba, basándose en los epílogos de los libros escritos por Mitsuko Kasuga, *Tankas de Akane*, *Haikus de Akane*, y el ensayo *Suberihiyu* (Verdolaga). También fueron utilizados *Ojiichan*, escrito por Hermelinda Kasuga Osaka, y los álbumes familiares de la familia Kasuga. Los tankas en esta sección fueron seleccionados del boletín *Milpa* (escrito por el club de tankas y haikus) y entre los poemas escritos después de la publicación de los libros *Tankas de Akane*.

この「春日光子の生涯」の文は、『短歌 あかね』、『句集 あかね』に光子自身が記した「あとがき」のほか、長女・春日エルメリンダ美智子 (Hermelinda Michiko Kasuga Osaka) の手記『Ojiichan』、春日光子の随筆「すべりひゆ」、春日ファミリーアルバムなどをもとに、構成・執筆されました。文中に引用されている短歌は、主に「句歌の集い」の会報『みるぱ』から集めたもので、歌集『短歌 あかね』には収められていない作品が中心となっています。

# BIOGRAFÍA II
## 略歴 II

### Texto: Aiko Chikaba
### 文　近葉 愛子

(Osaka, Japón. 1978)
Graduada de la Universidad de Kyoto, trabajó como directora y productora de programas de televisión en NHK, la televisora más reconocida de Japón. Se muda a Nueva York donde trabaja para NHK Enterprises America y estudio diseño gráfico en New York University. Se casa con un mexicano de ascendencia japonesa y eventualmente se mudan a Beijing. Habla japonés, inglés, español y mandarín y es diestra trabajando en ambientes multi-culturales. Actualmente vive en los Estados Unidos y trabaja en la producción de videos y como escritora en San Francisco. Es madre de dos niños.

1978年大阪生まれ。
京都大学文学部を卒業。
テレビ・ディレクターとして東京でNHKの番組を多数制作する。その後ニューヨークに渡り、NHKエンタープライズアメリカ（現・コスモメディア）で働くかたわら、ニューヨーク大学でグラフィックデザインを学ぶ。メキシコ出身の日系三世男性と結婚。夫婦で北京に引っ越し、一年間中国語を学ぶ。日本語はもちろんのこと、英語、スペイン語、中国語を理解し、多文化の中での生活を楽しんでいる。
現在は、サンフランシスコを拠点に映像制作や執筆、デザインの仕事を行っている。二児の母。

## Traducción: Miwa Teresa Pierre-Audain Kasuga
訳　美和・ピエール

(D.F., México, 1980)
*Nikkei* por nacimiento y por vocación, desde temprana edad aprende a vivir a horcajadas entre la cultura mexicana y la japonesa. Recibe su instrucción básica en México y los EEUU, la mayor parte de ella en japonés (Liceo Mexicano Japonés, Keio Academy of New York). Cursa la carrera de Letras Inglesas en la UNAM, y adquiriendo así dominio de los tres idiomas (español, japonés e inglés). Ha sido representante e intérprete para numerosas empresas y televisoras japonesas en México y Sudamérica. Actualmente vive en la Ciudad de México.

1980年、メキシコシティに暮らす日系の家庭に生まれ、幼い頃からメキシコの文化と日本の文化の間を自由に行き来しながら育つ。
メキシコとアメリカで教育を受けるが、その大半を日本人とともに日本語で学ぶというユニークな学歴をもつ（日本メキシコ学院、慶応義塾ニューヨーク学院）。
さらにメキシコ国立自治大学で英文学を学び、日・西・英の三カ国語に習熟。メキシコと南米各国を舞台に、さまざまな日系企業やテレビ番組制作会社の通訳、代表を務める。
メキシコシティ在住。

## Versificación: Mara Pastor
### スペイン語 短歌　マラ・パストール

(San Juan, Puerto Rico. 1980)
Es poeta, traductora y académica. Terminó un doctorado en Letras en la Universidad de Michigan. Ha publicado cinco libros de poesía. Ha vivido en Puerto Rico, Estados Unidos, España, Inglaterra, México y Brasil. Al trabajar con la versificación de los poemas de Akane, Mara reconectó con su pasión por la versificación y la métrica, aunque nunca había trabajado con poesía en tanka. Considera que cuando hay que decidir entre fondo ó forma, es mejor optar por la forma—en este caso la versificación—pues el fondo se mantiene latente y vuelve a emerger en otro lugar. La poesía de Akane la conmovió y, al ser ella también una inmigrante en México, sintió una gran empatía por la fuerza, el talento y la dedicación de Mitsuko Kasuga.

1980年、プエルトリコのサンファンに生まれる。詩人、翻訳者、研究者。アメリカのミシガン大学で文学の博士号を取得。詩の本を五冊出版している。
これまでに暮らした国は、プエルトリコ、アメリカ、スペイン、イギリス、メキシコ、ブラジル。
今回あかねの短歌のスペイン語訳に携わったのが、短歌との初めての出会いであったが、これを通して自らの詩作への情熱を再確認することとなった。（なお、今回のスペイン語短歌作詩にあたって、型か内容かのどちらかを選ばなければならないときは、短歌の型を尊重した。年代記の中に挿入される短歌であったため、内容は文脈の中で自然に浮かび上がってくるとの考えからである。）現在、春日光子と同じように移民という立場でメキシコに暮らすマラ・パストールは、あかねの短歌に感動し、才能に驚嘆するとともに、その強さ、ひたむきさに大きな共感を感じている。

あかね　AKANE　249

**Akane:**

**Los Tankas de Mitsuko Kasuga, Migrante Japonesa en México**

Revised Edition: Published on April 1, 2016
Written by Mitsuko Esperanza Kauga, Aiko Chikaba

| | |
|---|---|
| Translation: | Miwa Teresa Pierre-Audain Kasuga; |
| | Carlos Ernesto Pierre-Audain Kasuga; |
| | Chieko Homma; Aiko Chikaba |
| Versification: | Cynthia Viveros Cano; Mara Pastor |
| Design: | Aiko Chikaba |
| Revision: | Citlali Tolia |

Printed by CreateSpace, An Amazon.com Company

Published by Texnai, Inc.
2-1 Udagawa-cho, Shibuya-ku, Tokyo, Japan, 150-0042
Tel: +81-3-3464-6927
e-mail: texnai@texnai.co.jp   http://www.texnai.co.jp/POD/

© Mitsuko Esperanza Kasuga, Aiko Chikaba

ISBN 978-4-908381-19-5

"Akane" English edition available
"Akane" también disponible en Inglés
『あかね』英語版もあります

Proyecto de publicación Akane
あかね出版プロジェクト

Sus comentarios son muy bienvenidos.
ご意見・ご感想をお寄せください。
book.akane@gmail.com

www.ingramcontent.com/pod-product-compliance
Lightning Source LLC
Chambersburg PA
CBHW022355040426
42450CB00005B/192